개화기의 선각자
서재필

개화기의 선각자

서재필

김삼웅

두레

독닙신문

조션 셔울 건양 원년 수월 초칠일 금요일

광고

론셜

서재필은 누구인가?

우리나라 근대사에서 서재필徐載弼, 1864~1951은 개화사상가, 언론인, 정치가, 계몽사상가, 독립운동가 등으로서 민족사에 큰 발자취를 남긴 인물이다.

1884년, 그의 나이 21세 때 김옥균과 박영효, 홍영식 등 개화당 인사들과 청나라에 의존하려는 척족 중심의 수구당을 몰아내고, 실질적인 독립과 개혁정치를 이룩하고자 갑신정변을 일으켰다.

갑신정변 당시 내걸었던 문벌 폐지와 인민평등권 확립 등 이른바 '14개조 개혁요강'은 봉건군주 시대의 적폐를 청산하고 새로운 국가를 세우기 위한 시급한 과제였다. 그러나 수구 세력이 끌어들인 위안스카이袁世凱의 청나라군에 진압되어 갑신정변은 삼일천하로 막을 내렸다. 서재필은 목숨을 구하기 위해 고국을 떠나야만 했고 이후 일본을 거쳐 미국으로 망명했다.

서재필은 갑신정변 당시 휘하의 사관생도들을 지휘하여 고종을 호위하고 수구파를 처단하는 역할을 맡았고, 새 정부에서 병조참판오늘날 국방차관 겸 후영後營(조선 고종 21년인 1884년에 둔 친군영으로, 뒤에 우영, 해방

영과 합하여 통위영이 됨) 영관領官에 임명되었다. 그러나 갑신정변이 실패한 뒤 그의 가족은 역적으로 몰려 부모·형제와 아내는 음독자살하고, 동생은 참형을 당했으며, 두 살 된 아들은 돌보는 이가 없어 굶어 죽었다.

일본에서 미국으로 건너간 서재필은 미국으로 귀화하고 미국 시민권도 받았다. 낮에는 일하고 밤에는 컬럼비안 의과대학오늘날 조지워싱턴 대학교에서 인턴 과정을 수학한 뒤 의사 면허증도 땄다. 서재필은 박사 학위를 받은 적이 없다. 각종 기록에서 '서재필 박사'라고 쓰는 것은 흔히 의사를 '닥터doctor'라고 하는 데서 온 착오인 듯하다.

그사이에 국내 정세는 급변했다. 갑오개혁1894~1896이 일어나 개혁정치가 단행되고, 서재필 등에게 내려졌던 역적의 죄명이 벗겨졌다. 박정양 내각은 그를 외무협판으로 임명하고 귀국을 종용했다. 이에 서재필은 1895년 말에 귀국하고, 중추원 고문에 임명된다.

망명한 지 12년 만에 귀국한 서재필은 백성들을 계몽하는 일이 중요하고, 개화정책을 국민에게 알리기 위해서는 신문을 발행하는 일이 시급하다고 판단하여 1896년에 ≪독립신문≫을 창간했다. 우리나라 최초의 민간신문이다. 창간일인 4월 8일은 오늘날 '신문의 날'이 될 만큼 ≪독립신문≫의 기능은 막중했다. ≪독립신문≫은 최초로 한글 전용과 가로쓰기와 띄어쓰기를 함으로써 우리나라 한글이 보급되고 발전하는 데에도 크게 기여했다.

서재필은 ≪독립신문≫을 창간한 데 이어 독립협회를 조직하고, 만민공동회를 열어 개화사상을 대중화시키는 데 기여했다. 독립협

송재 서재필.

회와 만민공동회는 우리나라 최초의 시민단체 역할을 하면서 입헌
군주제를 주창하고, 정부 대신들의 부정부패를 규탄하고, 열강들의
이권 침탈을 강력하게 비판했다. 또한 청나라 사신을 맞아들이던
영은문이 헐린 자리에 프랑스 개선문을 본떠서 독립문을 세웠다.

《독립신문》과 독립협회, 만민공동회는 줄기차게 수구파의 국
정 농단과 이와 결탁한 열강의 이권 침탈을 폭로·비판했다. 그러
자 수구파 정부와 국제 열강들은 이들의 중심에서 서재필이 작용
한다고 보고 그를 미국으로 추방했다.

그가 다시 쫓겨나기 전까지 2년여 동안 한국에서 벌인 여러 가
지 활동은 우리나라 개화운동사에 큰 비중을 차지한다. 당시 그 누

구도 그의 업적을 넘어서기 어렵다. 그런데 또한 이 시기에 그의 납득하기 어려운 일탈 행위도 없지 않았다.

다시 미국으로 돌아간 서재필은 생업에 종사하다가 1919년에 국내에서 3·1 혁명이 벌어지자 필라델피아에서 '한국회의'를 개최하고 월간지 ≪한국평론≫을 발행했다. 상하이임시정부가 워싱턴에 설치한 구미위원회에 참여하여 독립운동도 전개했다. 펜실베이니아주에서 병원을 개업해 생계를 꾸려나갔다.

서재필은 1922년에 워싱턴에서 군축회의가 열리자 우리나라 독립을 세계 여론에 호소했다. 1925년에 하와이에서 범태평양 회의가 열렸을 때에는 우리나라 대표로 참석하여 일제의 만행을 규탄하면서, 한국의 독립을 각국 지도자들에게 호소했다. 서재필이 이렇게 조국의 독립을 위해 동분서주하는 사이에 병원은 경영이 어려워지고 결국 문을 닫아야 했다.

서재필은 일제가 패망한 뒤 미국 정부의 한국문제 수석고문美軍政最高議政官에 위촉되어 망명 45년 만에 환국했다. 미국軍政 측은 한때 이승만 대신 서재필을 남한의 집권자로 옹립하려는 움직임을 보였다. 서재필은 이 같은 일로 이승만의 견제를 받다가 정부가 수립된 뒤인 1948년 9월 11일에 홀연히 미국으로 돌아갔다. 그리고 한국전쟁이 한창이던 1951년, 서재필은 필라델피아 근교 몽고메리 병원에서 87세를 일기로 눈을 감았다.

서재필의 생애는 당대 한국인 누구 못지않은 파란곡절波瀾曲折의 삶이었다. 그는 국내보다 해외에서 산 기간이 더 길었다. 그러다

보니 조국이 해방되어 귀국했을 때에는 한국말이 서툴렀고, 외국인 행세를 하며 한국을 '귀국貴國'이라 불렀다. 미국 여성과 재혼하고, 미국 시민권을 받았으니 반은 미국인이었다. 그러나 그는 죽을 때까지 한국인이었고, 조국의 독립과 통일을 기원했다.

서재필은 수구파를 척살하고 개혁정치를 실현하려던 혁명가이고, 개화운동의 선구자이며, 이 땅에서 처음으로 근대적 신문을 만든 자유언론인, 독립협회와 만민공동회를 주도한 공화주의 시민운동가였다. 이 모든 것은 오로지 조국의 자주독립을 위한 헌신이었다. 이 때문에 그는 가족이 몰살당하는 참극을 겪어야 했다.

필자는 2000년 8월 4일, 미국 방문길에 필라델피아의 서재필 선생 기념관을 찾은 적이 있다. 기념관에는 많은 자료가 전시되어 있었고, 기념관 주위에는 서재필의 고향인 전남 보성에서 가져왔다는 대나무가 이역에서도 무성하게 자라고 있었다. 언젠가 기회가 되면 이 거인의 평전을 쓰고자 다짐했던 것이 어언 20년이 훌쩍 지났다.

'한국의 볼테르'(이광린)라 평가받기도 하는 서재필의 전기는 이미 여러 권이 나와 있다. 연구 논문도 수없이 많다. 또한 최근에는 그의 행적을 두고 과대 포장되었다는 비판적인 주장도 제기되었다. ≪독립신문≫을 두고도 "부왜역적 기관지"(려증동)라는 극단적인 비판이 따르기도 한다. 그런데도 새삼 '서재필 평전'을 시도하는 것은 개화 시대의 그의 역할과 해방 후의 행적 등을 좀 더 세밀히 살펴보기 위해서이다.

차례

1. 격동기에 태어나다

보성에서 태어나 5촌 당숙에게 입양

인물은 격동기에 태어난다. 서재필이 태어날 즈음 조선 사회는 격동기에 접어들고 있었다. 봉건 사회가 동요의 조짐을 보이는 가운데 제국주의 열강의 침투가 시작되면서, 위로부터는 왕조 체제가 흔들리고 아래로부터는 반봉건·반제국주의의 변혁운동이 시작되었다.

서재필은 1864년 1월 7일 전라남도 보성군 문덕면 가천리_{당시 전}남 동복군 가내리 외가에서, 아버지 서광언_{徐光彦}과 어머니 성주 이씨 사이에서 둘째 아들로 태어났다. 아버지는 생원 진사과에 합격한 지방 유생이었고, 어머니는 보성 지역의 명문가인 성주 이씨 이기대의 다섯째 딸이었다. 이기대의 아버지 이유원은 이조참판을 지낸

인물이다. 서재필이 태어나던 날 아버지가 과거에 급제하여 두 가
지 경사가 겹쳤다 하여 서재필의 아명을 쌍경雙慶이라 지었다.

서재필의 출생 연도와 출생 일, 그가 태어날 때 아버지가 그 지
역 군수였다는 기술 등에는 여러 가지 이견과 오류가 따른다.

먼저, 출생 연도를 보면, 해방 후 서재필이 귀국했을 때 만나
『서재필 박사 자서전』을 쓴 김도태의 기술에는 1866년생으로 되어
있고, 서재필의 딸 뮤리엘이 기록한 글 「Philip Jaisohn, B.S., M.D.」
(≪Medical Annals of the District Of Columbia≫, 1952)에는 1869년생으
로 기록되어 있다. 오랫동안 서재필을 연구해온 이정식 교수는
1864년생을 받아들이고, 우리나라의 개화사를 연구해온 이광린

교수는 그의 족보와 『국조방목國朝榜目』을 근거로 1863년 1월 17일(음력 11월 28일)이라고 밝히고 있다.

서재필 자신은 해방 후 김도태와 대담할 당시 1866년생이라고 증언했다. 그런데 그의 바로 아래 동생 서호석이 1865년생인데 서재필이 1866년생이면 아우보다 늦게 태어났다는 오류가 생긴다. 이 책에서는 여러 가지 자료를 취합하고 검토한 결과 서재필의 출생연도를 1864년으로 한다.

그는 왜 자신이 1866년생이라고 나이를 줄여서 말했을까? 그 이유는 아마도 일본 도야마戶山 학교의 입학과 관련이 있을 성싶다. 당시 도야마 학교 입학생의 상한 연령은 15세였다. 그런데 그가 이곳에 입학하던 1883년에는 이미 나이(20세)가 넘어 1864년생으로서는 도저히 입학이 허가될 수 없었고, 따라서 될수록 나이를 줄일 수밖에 없었던 당시의 상황이 그 후에도 이어져서 결국 자신도 어쩔 수 없이 1866년생으로 고집할 수밖에 없었던 것으로 보인다.[1]

서재필의 선대는 충청남도 은진군 구자곡면 화석리에서 살아왔다. 어머니는 출산을 앞두고 당시의 풍습대로 친정에 와서 서재필을 낳았다. 서재필 위로 재춘, 아래로는 재창과 재우가 있었고, 정해은에게 출가한 딸이 있었다. 서재필이 태어난 뒤 아버지가 전남 동복군 군수로 부임하면서 서재필은 어린 시절을 동복군 가내리에서 보냈다.

그해 3월 동학 교조 최제우가 대구 감영에서 사형을 당했다. 조선 후기에 이르러 정치의 문란과 관리의 부패, 각지의 민란, 외국의 간섭 등으로 나라가 위기에 빠져들었다. 게다가 종래의 종교가 쇠퇴하거나 부패하여 민중의 안식처가 되지 못한 것은 물론, 새로 들어온 천주교는 그 이질적인 가치와 성향이 우리의 전통과 맞지 않아 충돌을 일으켰다.

이에 최제우는 종래의 풍수사상과 유·불·선의 교리를 바탕으로 하여, 인간의 주체성을 강조하는 '인시천人是天', 즉 '사람이 곧 하늘이다'라는 사상과 만민평등의 이상을 표현하는 동학東學을 창도하고 민중의 큰 호응을 받았다. 그러나 교세를 확장하다가 포교 3년 만에 혹세무민의 죄로 체포되어 처형당했다.

서재필이 유년기를 보내고 있을 즈음 국내외 정세는 긴박하게 변하고 있었다.

1863년 12월에 조선의 25대 왕인 철종재위 1849~1863이 젊은 나이에 죽고 후사가 없어 흥선군 이하응의 둘째 아들 명복고종이 왕위에 올랐다. 1866년에는 미국 상선 제너럴셔먼호가 대동강을 거슬러 올라와 통상을 요구하다가 대동강에서 불타버리는 사건7월과 병인양요9월, 경흥·은성 지역 러시아인 침입 사건12월 등이 있었다. 1867년 2월에는 경복궁 중건 자금을 마련하고자 서울 각 성문에 통과세를 부과했다. 1868년 4월에는 남연군묘 도굴 사건, 1868년 8월에는 정덕기의 정감록 난, 1871년 3월에는 이필재의 난이 잇달아 일어나고, 흥선대원군이 서원철폐를 단행1871했다. 일본에서는 1868년 메이지 유신으로 대대적인 개혁이 이루어지고 있었다.

어린 서재필은 이런 떠들썩한 시절에 5촌 당숙인 서광하徐光夏에

흥선대원군(왼쪽)과 고종 초상(휘베르트 보스 그림).

게 입양되어 선대의 고향인 충남 은진에서 살았다. 그가 몇 살 때, 무엇 때문에 5촌 당숙에게 입양되었는지는 『대구서씨세보大丘徐氏世譜』에는 전혀 기록이 보이지 않는다.

당시의 풍습은 가까운 친족에 대를 이을 아들이 없으면 입양하는 것이 관례였다. 서광언은 아들 4형제를 두어서 둘째를 서광하에게 입양시켰던 것 같다.

그러나 어린 나이에 부모 형제를 떠나 생소한 곳에서 살게 되면서 그는 정신적으로 큰 상처를 입었다. 뒷날 그의 강한 독립심은 이렇게 유년 시절에 부모와 떨어져 지내야 했던 상처에서 비롯되었을 것이다.

서재필은 일곱 살 되던 해에 양부의 권유로 한양에 사는 외숙인 김성근金聲近의 집으로 거처를 옮겼다. 문화의 중심지인 한양 같은 넓은 곳에서 공부해야 한다는 양부의 생각에 따른 것이었다. 어린 서재필도 좁은 시골에서 사는 것보다 넓은 한양에서 공부하고 싶은 마음이 있어서 양부의 뜻을 따라 타지 한양으로 올라갔다.

한양의 세도가 김성근은 양모養母 쪽의 외숙이었던 것 같다. 안동 사람으로서 판서를 지낸 김온순의 아들이었던 김성근1835~1918은 "1873년고종 10년에 문과에 급제한 후 한림·옥당·도승지·부제학 등을 거쳐 이조·예조 판서를 역임했고, 대한제국 시대에는 탁지부 대신에 이르렀는데, 특히 서예가 출중하여 일가를 이룰 정도"[2]였다고 한다.

김성근의 집에서 지내면서 서재필은 우리나라 근현대사에서 매우 중요한 인물들을 만나게 된다. 바로 뒷날 개화파의 거두인 김옥균, 박영효, 서광범 등과 같은 이들이다. 김옥균은 외숙인 김성근과 같은 가문 사람이었으며, 서광범은 친가의 아저씨뻘 되는 사람이었다.

서재필은 김성근의 주선으로 사랑채에 연 사숙私塾에 입학하여 『천자문』부터 『동몽선습』, 『사기』, 『사서』, 『삼경』 등 한학을 배웠다. 스승은 김성근 집의 문객이었다. 전라남도 보성에서 태어나 충청남도 은진을 거쳐 서울에서 살게 된 서재필은 글공부를 열심히 하며 청소년기를 보냈다.

2. 청소년 시기

과거에 급제하고 개화사상에 눈을 뜨다!

서재필은 어려서부터 타고난 기품이 높고 부지런했다. 하루가 다르게 공부를 잘하고 실력이 쌓여서 19세가 되던 1882년에 조정에서 실시한 별시別試에서 문과의 병과丙科에 합격했다. 합격자 19명 중에는 당대의 걸출한 인물들도 포함되었다. 그중에는 이도재李道宰, 민종식閔宗植, 민영수閔泳壽, 김중식金中植, 여규형呂圭亨, 서상조徐相祖 등과 같이 뒷날 서재필과 노선을 달리한 이들도 있었다.

서재필은 자서전에서 자신이 이때 장원 급제를 했다고 썼으나 이는 사실과 조금 차이가 있다.

내가 열셋인가 네 살 때에 특별히 귀족 자제 가운데서 나이 젊고

재주가 출중한 사람들만 20명을 뽑아 경복궁 대궐에서 임금께서 전
강殿講을 친히 보였는데, 그때 내가 제일 나이가 어렸으나 암강暗講에
하나도 틀리지 않아 일등 장원으로 급제가 되었다.

이번도 물론 귀족 자제들만 선택했으니까 전력의 힘이라 하겠지
마는, 내가 장원 급제한 것은 내가 전혀 암강을 잘하여 내 힘으로 된
것이, 만일 보통 급제를 했다면 나도 귀족 자제들 틈에 끼어 그 문벌
의 힘으로 되었다 할 것이다. 그러나 이 장원 급제라는 것은 순전히
내 힘이 아니고 될 수 없는 것이다.

이를 임금께서도 크게 기뻐하며 특별한 상을 주셨으니 나 자신의
기쁨은 물론, 다른 사람들도 모두 부러워했다. 이 소문이 서울 장안
에 퍼지자 듣는 사람마다 누구를 불문하고 나의 재주엔 천하에 비할
이가 없을 것이라고들 했다. [1]

서재필은 다소 자기 과시욕이 있었던 것 같다. 아니면 훗날 나이
가 들어서 기억력이 희미해졌는지도 모른다. 『서재필 박사 자서전』
은 서재필이 84세에 귀국한 뒤 김도태와 대담을 나누어 출간한 책
이다. 이때 서재필은 영어로 구술했는데, 김도태가 영어를 우리말
로 옮기는 과정에서 오류를 범했는지, 서재필의 과시욕이었는지,
아니면 기억력이 쇠퇴해서 그랬는지 모르겠으나 그의 자서전에는
여러 가지 오류가 보인다. 주진오 교수가 「유명 인사 회고록 왜곡
심하다: 서재필 자서전」[2]에서 이런 사실을 지적하기도 했다.

서재필은 앞서 말한 자서전에서 열세 살에 과거시험에 합격하고

자신이 장원 급제한 것으로 구술했다. 그러나 사료에 따르면 그는 열아홉 살에 급제하고, 장원이 아니라 최연소 합격자였다. 최연소 합격자가 되면서 서재필은 고종이 친히 불러 상을 주고 옆에 서 있는 대관들과 더불어 크게 기뻐했다고 한다. 서재필은 얼마 뒤 교서관校書館 부정자副正字에 임명되었다.

그가 과거에 합격한 지 3개월 뒤인 1882년 7월, 구식 군대의 군인들이 신식 군대인 별기군과의 차별 대우와 밀린 급료에 불만을 품고 군제 개혁에 반대하며 난을 일으켰다(임오군란). 고종은 자신의 아버지인 흥선대원군에게 전권을 주어 사태를 수습하게 했다. 흥선대원군은 반란을 진정시키고 군제를 개편하는 등 군란의 뒷수습에 나섰다. 그러나 흥선대원군의 노력은 실패로 돌아가고, 흥선대원군은 민씨 일파의 청원으로 국내에 들어온 청군에게 붙잡혀 톈진으로 끌려갔다. 또한 이 사건을 빌미로 일본은 조선 정부에 위협을 가해 주모자 처벌과 손해배상을 내용으로 하는 「제물포 조약」을 맺게 했다. 「제물포 조약」은 일본의 야심을 드러낸 불평등 조약이었다.

「제물포 조약」은 모두 6조항으로 이루어져 있다. 1. 흉도兇徒들을 포획하여 그 수괴를 중죄에 처할 것, 2. 피해를 당한 일본 관리와 직원들을 후한 예로 매장할 것, 3. 유족들과 부상자들에게 조위금을 지불할 것, 4. 일본이 입은 손해 등을 조선에서 배상할 것, 5. 일본 공사관 보호를 위해 군사를 두어 경비를 서게 할 것, 5. 일본에 사죄사謝罪使를 파견할 것 등이 조약의 내용이었다.

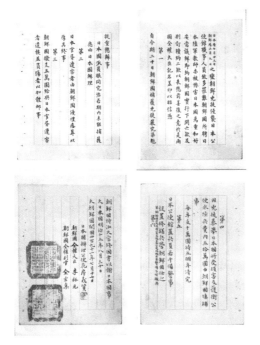

「제물포 조약」 원문.

군병으로 시작된 이 난은 청·일의 조선에 대한 권한을 강화시켜
주고, 개화세력과 보수세력의 갈등을 노출시켜 갑신정변의 소지를
마련해주었다. 이 무렵 서재필은 김옥균 등 개화파 인사들과 교유
하게 되었다.

서재필이 개화당 두목인 김옥균을 만나게 된 것은 서광범徐光範,
1859~1897을 통해서였다. 서광범은 서재필의 친아버지 서광언徐光彦, 그
후 개명하여 광효光孝과 양아버지인 서광하와 같은 돌림으로 13촌 아저씨
뻘이 되었는데 서재필과 다섯 살의 차이가 있기는 했지만 가까이 지

1876년 1월 「강화도 조약」 강요 무력 시위 중인 일본 군함들(국립중앙박물관).

냈던 것으로 알려져 있다. 김옥균도 삼촌 댁과 같이 안동 김씨인 데다 이웃에 살고 있었다고 하니까 전부터 안면은 있었을지 모른다. 어쨌든 김옥균은 13세 연하인 서재필의 존경과 흠모의 대상이 되었고 그의 앞길을 좌우하는 강한 존재가 되었다.[3]

서재필이 열세 살이던 1876년에 「강화도 조약」한일수호조약, 조일수호조규, 병자수호조약 등이라고도 부름이 체결되었다. 이는 근대 국제법적 토대 위에서 맺은 우리나라 최초의 조약이었으나 일본의 강압으로 맺은 불평등 조약이었다. 모두 12개 조항으로 된 이 조약은 "조선은 자주국으로 일본과 동등한 권리를 가진다"라고 했지만, 이는 조선에 대한 청나라의 종주권을 부정함으로써 일본의 조선 침략을 쉽게 하려는 야욕이 담겨 있었다.

「강화도 조약」 이후 조선 사회는 신구 세력 간의 분화分化가 한층 심화되었다. 전통적으로 청나라에 의존해온 수구세력에서 연원淵源한 위정척사파와 이에 맞선 개화파가 등장한 것이다. 일본과 수호조약 체결을 시작으로 서구의 여러 나라와도 잇따라 통상조약을 체결하면서 조선은 선진문물을 접하게 되었다.

이에 따라 정부에서는 1881년 청나라에 영선사領選使, 일본에 조사 시찰단朝士視察團(옛 이름은 '신사유람단')을 파견하여 선진문물을 배워오도록 했다. 정부의 이 같은 조처와는 별도로 민간 사회에서는 연암 박지원의 손자인 박규수1807~1876가 우의정을 사임한 뒤 자신의 사랑채에서 영특한 양반 자제들을 모아 가르쳤다.

박규수의 사랑채에는 김옥균, 박영효, 홍영식, 서광범 등 뒷날 갑신정변의 주역들이 모두 모였다. 이들은 중국에 왕래한 역관들이 가져온 각종 서책과 『연암집』 등을 읽었다. 박규수의 문하에는 이들 외에 김윤식 등도 있었다. 박규수의 사랑채에서 배출된 개화파 중에서도 김윤식 등은 김옥균, 박영효 등과 경향이 조금 달랐다. 김윤식 등은 개량적 개화파라 한다면, 김옥균 등은 변법적 개화파였다고 할 수 있다. [4]

서재필은 이동인李東仁과 자주 만났다. 봉원사의 승려였던 이동인은 일찍부터 일본을 왕래하면서 각종 신문물을 접했는가 하면 세계 정세에도 해박한 사람이었다. 일본어로 번역된 서양의 각종

박규수.

서책을 가져오기도 했다.

서재필은 이동인과 만나면서 서양 문물에 관한 정보도 듣고 여러 가지 책도 읽었다. 박규수가 죽었을 때 서재필은 아직 열세 살밖에 되지 않아서 그의 사랑채 출입은 못 했으나 개화승 이동인에게서 많은 영향을 받았다. 서재필은 당시를 이렇게 떠올린다.

두어 달 후에 그 중은 과연 약속대로 책이며 사진이며 성냥 같은 것을 많이 사 가지고 왔어……. 그때 가져온 책이 여러 권인데, 역사도 있고 지리도 있고, 물리, 화학 같은 것도 있어. 이것을 보려고 서너 달 동안 그 절에 다니다가, 그때는 이런 책을 보다 들키기만 하면 사학邪學이라 하여 중벌을 받게 되므로 한 군데서 오랫동안 볼 수가 없어 그다음에는 동대문 밖 무슨 절로 가서 얼마 동안 보다가 다시 새 절로, 이렇게 하기를 1년 이상이나 걸려서 그 책을 다 읽었지.

　그때 그 책이 일본말로 쓴 것인데, 우리가 한문은 대개 짐작하니까 한문자만 연달아 읽어보면 뜻은 모두 통하기 때문에 그래서 그 책을 다 읽고 나니까 세계 대세를 대강 짐작할 것 같거든. 그래서 우리나라도 다른 나라처럼 인민의 권리를 세워보자는 생각이 났단 말이야.

　이것이 우리가 개화파로 첫 번 나서게 된 근본이 된 것이야. 다시 말하면 이동인이라는 중이 우리를 인도해주었고, 우리는 그 책을 읽고 그 사상을 가지게 된 것이니 새 절奉元寺이 우리 개화파의 온상이라고 할 것이야.[5]

김옥균 등 개화사상가들과 함께

　두뇌가 우수하고 영민했던 서재필에게 개화사상은 새로운 세계를 볼 수 있는 눈을 뜨게 해주었다. 특히 자신보다 나이가 열세 살 많았던 김옥균에게 지도를 받으면서 그를 무척 존경하고 따르게 되었다. 청년 서재필에게 김옥균은 새 시대의 우상이었다.

　김옥균은 일찍부터 중국을 왕래했던 역관들이 가져온 각종 서적을 읽고 이동인을 만나 서양 문물을 접하게 되면서 개화사상을 체

김옥균.

계화할 수 있었다. "그는(김옥균—필자) 서재필보다 열세 살이나 나이
가 많았지만, 서재필을 친동생처럼 대하고 동지로 여겼다. 서재필
도 김옥균을 존경하고 따랐다. 이처럼 서재필이 김옥균을 존경하
고 따랐던 이유는 둘 다 양반 자제로서 어려서 친부모를 떠나 양자
로 들어갔던 처지가 비슷했고, 개혁적인 성향도 같았기 때문이었
다. 그러나 그보다 더 큰 이유는 김옥균의 인격적인 감화에 있었
다."[6]

　사람의 생애는 언제 누구와 만나느냐에 따라 운명이 결정되기도
한다. 서재필이 김옥균을 만난 것은 축복이자 비극의 시작이었다.

서재필 생애의 전반기는 대부분 김옥균 등 개화파를 만나고 그들과 함께한 시간이었다.

나는 그(김옥균-필자)가 대인격자였고, 또 처음부터 끝까지 진정한 애국자였음을 확신한다. 그는 조국이 청국의 종주권하에 있는 굴욕감을 참지 못하여 어찌하면 이 수치를 벗어나 조선도 세계 각국 중에서 평등과 자유의 일원이 될까 주주야야晝晝夜夜로 노심초사했던 것이다.

그는 현대적 교육을 받지 못했으나 시대의 추이를 통찰하고 조선도 힘 있는 현대적 국가로 만들려고 절실히 바랐었다. 그리하여 신지식을 주입하고 일신一新 기술을 채용함으로써 정부나 일반 사회의 구투舊套 인습을 일변시켜야 할 필요를 확각確覺했다.[7]

개화사상을 인지하게 된 서재필과 그의 선배들은 개화사상을 학문적으로 탐구하는 데에만 머무르지 않았다. 정치사회적 변혁의 시기에 개화사상을 정책으로 구현하고, 더 나아가서 국정개혁을 도모하고자 개화세력을 결집하기에 이른다. 조선 후기 개화파의 등장에는 다양한 철학과 인맥이 등장하는데, 먼저 그 흐름을 살펴보자.

19세기 중엽에 이르러 서양 자본주의 동아시아 침입으로 말미암아 조성된 민족적 위기와 조선 왕조·봉건 사회의 구조적 모순으로 말미암아 조성된 봉건적 위기 속에서 우리나라에서는 1853~1860년대에 오경석·유홍기·박규수 등을 중심으로 18세기 말~19세기 초의 실학사상을 계승하여 초기 개화사상이 형성되고, 1870년 전후부터 김홍집·김윤식·어윤중·박정양·김옥균·박영효·홍영식·유길준·서광범 등을 비롯해서 다수의 청년들 사이에 개화사상이 보급되기 시작했으며, 1874년부터는 김옥균 등을 중심으로 한 정파로서의 초기 개화파_{개화당}가 형성되기 시작했다.[8]

어느 시대나 변혁기에는 진보적인 신진 인사들이 등장하고, 이들 중에는 노선 갈등으로 분파가 생기기도 한다. 조선 말기의 변혁기에도 일군의 개화사상으로 무장한 신진 사류가 나타나고, 박규수의 사후 그의 문하생들은 두 파로 나뉘게 된다.

박규수가 별세한 뒤로 신사상파 사이에 의견의 대립이 생겨 마침내 급진·온건 두 파로 갈라지게 되었다. 온건파에서는 한국 사회가 점진적으로 개혁되어야 한다고 주장하고, 급진파에서는 적극적인 정책을 실시하여 하루속히 개혁되어야 한다고 주장했다.

전자는 김홍집·어윤중 등 당시의 집권세력이었고, 청국의 자강_{洋務}운동과 같은 방식을 따르려고 했다. 요컨대 서양의 기술을 받아들이되, 종교와 사상은 우리의 것이 우수하니 이를 지켜야 한다고 했다. 그러니까 동도서기론_{東道西器論}을 주장했던 것이다.

이에 대해 후자는 김옥균·박영효·홍영기 등 주로 20대 젊은이들로 구성되어 중인 출신 유대치이름은 홍기의 지도를 받으면서 일본의 메이지유신과 같은 변혁을 바랐다. 결국 서양의 기술뿐 아니라 종교·사상까지도 받아들여야 한다는 매우 개방적인 주장을 했던 것이다.[9]

일본 도야마 학교에서 군사교육 받다

1883년 봄, 서재필이 비록 하급 관리이지만 교서관 부정자로 일할 때였다. 김옥균은 서재필에게 일본 유학을 권유한다. 일본으로 건너가 군사학을 배우고 와서 신식 군대를 양성하자는 제안이었다. 임오군란을 지켜본 개화파들은 앞으로 국정개혁을 하기 위해서는 국방이 튼튼해야 하고, 개혁을 하려면 든든한 군사력이 뒷받침되어야 한다는 것을 절감했다. 그래서 유능한 청년 서재필을 그 대상자로 찍었다.

과거에 급제한 서재필에게는 의외의 제안이 아닐 수 없었다. 조선 사회가 격변기라고는 해도 여전히 입신출세의 길은 고위 관리가 되는 것이었다. 그는 최연소 급제자라는 우수한 기록을 갖고 있었다.

한 해 전인 1882년 9월, 정부는 「강화도 조약」에 따라 일본에 수신사를 파견했다. 박영효가 정사(대표), 서광범이 종사관, 김옥균과 민영익 등이 고문에 임명되어 일본을 방문했다.

수신사修信使는 강화도 조약 이후 일본에 보내던 사절단으로, 이전의 통신사通信使를 고쳐 부른 것이다. 통신사가 조선의 문물을 전해주는 역할을 했다면, 수신사는 조선이 일본의 문물을 시찰하고 돌아오는 역할이었다. 예조 참의 김기수를 대표로 한 수신사는 1876년에, 김홍집을 대표로 한 수신사는 1880년에 일본을 다녀왔다. 박영효 일행은 임오군란 직후 일본에 사과하기 위해 파견되었다.

박영호 일행은 두 달 동안 일본 정치인들과 만나 근대적 개혁에 대해 의견을 나누고, 일본 각지의 근대적 시설을 돌아보았다. 김옥균이 서재필을 일본으로 보내 근대적 군사학을 배워오도록 하게 된 배경이다. 서재필은 김옥균의 권유를 거절할 이유가 없었다. 문관이 아니라 무관의 길을 권하는 김옥균을 서재필은 다음과 같이 생각했다.

김옥균은 구미의 문명이 일조일석의 것이 아니고 다국간 경쟁적 노력에 의한 점진 결과로 몇 세기를 요要한 것이었는데 일본은 한 대代 안에 그것을 달성한 양으로 깨달았다. 그리하여 그는 자연히 일본을 모델로 치고 조선을 개혁시킴에 그의 우의와 조력을 청하여 백방으로 분주했던 것이다.[10]

서재필과 조선의 유학생 16명은 국비 예산으로 1883년 5월 14일, 조선 정부의 초청으로 한양서울에 머무르던 우시바 다쿠조와 마쓰오 산타로의 인솔을 받으며 일본 선박 히에마루를 타고 인천을 출발했다. 이후 나카사키長崎를 거쳐 도쿄에 도착했다.

서재필과 유학생들은 6개월 동안 후쿠자와 유키치福澤諭吉가 경영하는 게이오의숙慶應義塾(오늘날 게이오대학)에서 일본어를 배웠다. 일본어를 어느 정도 익히면서 일행 중 14명이 일본 육군 도야마戶山 학교에 들어갔다. 서재필도 여기에 포함되었다.

일본 육군 도야마 학교는 어떤 곳이었을까?

육군 도야마 학교는 일본 육사의 전신인 육군 병학교兵學校가 1873년에 도야마에 설립한 일종의 출장소였다. 이곳의 학생들은 각 진대鎭臺로부터 차출된 상·하사관들로서 군사 교련을 받았다. 이 출장소는 1875년에 정식으로 육군 도야마 학교로 독립되어 검술, 체조, 나팔, 보병 전술을 가르치다가 보병 전술에 관한 부분은 육군보병학교로 독립되어 치바千葉로 이전해 나갔다. 도야마 학교의 검술과 체조는 그 후 일본 체육계에 지대한 공헌을 함으로써 군인이라기보다는 군체육軍體育이라는 면에서 더욱 독보적인 위치를 차지하게 되었다.[11]

서재필과 조선 학생들은 일요일이면 마침 일본에 머무르던 김옥균을 찾아갔다. 그는 외교사절의 신분은 아니었으나 일본의 관리들은 물론 일본 주재 외교관들과 폭넓게 교유했다.

매 일요일이면 우리는 반드시 그를 지쿠지 우거寓居로 심방했다. 그러는 때마다 그는 우리를 친제親弟같이 대접하고 숨김없고 남김 없는 폐간肺肝 속의 말을 우리에게 들려주었다. 그는 조국 쇄신에 대한 우리의 중차대한 임무를 말하는 동시에 나라에 돌아가 우리가 빛나는 대공훈을 세울 것을 믿어 마지아니했다.

그리고 그는 늘 우리에게 말하기를 "일본이 동방의 영국 노릇을 하려 하니 우리는 우리나라를 아세아의 불란서로 만들어야 한다"고 했다. 이것이 그의 꿈이었고 또 유일한 야심이었다. 우리는 김 씨의 말을 신뢰하고 우리 진로前路에 무엇이 닥쳐오든지 우리의 이 책임을 이행하지 않고 말지 않겠다 결심을 했던 것이다.[12]

서재필이 도야마 학교에 다닐 때 하나의 일화가 있다. 교련을 받던 중, 일본인 교관이 명령한 대로 서재필이 따라 하지 못하자 폭력을 행사하려고 했다. 이에 서재필이 먼저 교관을 쳐서 쓰러뜨렸다. 이 사건은 작은 에피소드이지만 이후 그의 일본에 대한 인식의 한 가닥이 되었다.

서재필 일행의 일본 유학은 오래가지 못했다. 정부의 재정적인 어려움 때문이었다. 도야마 학교 훈련을 다 마치고 나자 유학 1년여 만인 1884년 6월에 이들은 서울로 돌아와야 했다. 서재필 일행이 귀국했을 때는 국내 정계 상황이 더욱 꼬여가는 중이었다. 이들은 고국에 돌아오자마자 고종에게 사관학교의 설립을 진언했다.

우리가 도야마 학교를 마치니 조선 사관들에게 전술을 가르치라는 목적으로 귀국 명령을 받았다. 우리는 1884년 6월에 서울로 돌아와 보니 정계는 떠나기 전보다 가일층 험악한데 조정 내외가 우리를 시의猜疑와 적의敵意를 가지고 대했던 것이다. 그러나 고종께서는 우리 일행을 인견引見하시어, (우리는) 일신한 군복에 창검을 메고 어전에 나타났다.

금액禁掖:闕內으로 들어가서 유연체조柔軟體操와 다른 운동을 하여 보라고 하명下命하신 것을 보아 확실히 고종께서는 우리들의 복장과 모든 것에 이열怡悅을 느끼신 것이었다. 그때 새 병학교가 한규직 대장 지휘로 조직된다는 것을 들었다.[13]

서재필 일행은 사관학교 설립을 기대했다. 고종은 새로운 사관학교를 설치하라는 칙령과 함께 서재필을 사관학교 설립 준비단계로 설치한 조련국操鍊局의 사관士官에 임명했다. 그러나 그 기대는 곧 허무하게 깨졌다.

> 우리는 그 실현됨을 학수고대했으나 도로徒勞이었다. 6~7삭朔의 뒤에야 그 신학교 설립할 기회는 날아간 것을 알게 되었는바 이는 물론 중전과 그 일당의 반대 때문이었다. 우리는 절망과 낙담의 심연에 빠졌으나 속수무책이었다.[14]

사관학교 설립은 민비와 친청 수구파의 반대로 무산되었다. 임오군란 때 청나라의 도움으로 위기를 면한 뒤 국정의 모든 일을 청나라에 의존했던 민비 세력은 사관학교가 자신들에 대립하는 군사력이 될지 모른다고 생각했기 때문이다.

국왕이 재가한 사안도 왕비와 수구파들의 농간으로 공수표가 되기 일쑤였다. 서재필은 이들의 견제로 점점 고립무원의 지대로 빠져들었다. 서재필뿐만 아니라 개화파 전체가 그런 상황이었다.

뎨일호

독닙신문

뎨일권

조션 셔울 건양 원년 수 월 초칠일 금요일

광고

논셜

3. 갑신정변의 격류 속에서

개화파, 수구 세력 타도 위해 거사

임오군란 때 군병 3천 명을 조선에 파견했던 청나라는 군란이 진압된 뒤에도 물러가지 않고 조선에 눌러앉아 국정에 사사건건 개입했다. 정치적 위기에서 회생한 민비와 수구파들은 청나라(군)에 기대면서, 김옥균을 중심으로 한 개화파의 개화정책을 견제했다. 조정은 친청파에 의해 주도되고 개화파 인사들은 정계에서 하나둘씩 숙청되었다.

정부는 일본 후쿠자와 유키치의 ≪지지신보時事新報≫를 본받아 1883년(고종 20년) 10월 1일에 ≪한성순보漢城旬報≫를 창간했다. 통리아문統理衙門(조선 후기에 외교 사무를 맡아보던 관청)의 박문국博文局(조선 후기에 신문과 잡지 따위의 편찬과 인쇄에 관한 일을 맡아보던 관청)에서 월 3회 발간한 순보旬報

(열흘에 한 번씩 펴내는 신문이나 잡지)로서, 매달 1일 자로 간행되었다. 순 한문으로 펴낸 《한성순보》는 일종의 관보였으나 우리나라 최초의 근대신문으로 불린다. 박영효 일행이 수신사의 자격으로 일본에 갔을 때 국민 대중을 계몽하기 위해서는 신문이 중요하다는 것을 절감하고, 귀국 후 고종에게 신문의 필요성을 진언해 재가를 받아 발행하게 되었다.

그러나 신문 발행을 주도한 박영효가 수구파에 밀려 광주유수廣州留守로 좌천되고, 신문 발간의 실무작업을 맡던 유길준도 손을 떼면서 《한성순보》는 수구파에게 장악되었다. 박영효는 철종의 사위로서 왕실 척족이면서도 개화파의 중추였는데 한성판윤에서 시골 한직으로 쫓겨났다. 개화파는 점차 그냥 앉아서 당하고만 있을 수 없는 처지로 내몰렸다.

김옥균을 중심으로 하는 개화파들은 거사를 준비했다. 청나라를 등에 업은 수구파들의 전횡이 갈수록 심해지고, 청나라 관리가 고종을 눈앞에서 협박하는 등 국가적인 수모가 심해졌다. 심지어 청나라 관리들은 "조선은 청국의 속방"이라는 문건까지 만들어 제시했다.

이 무렵 서재필은 김옥균의 '척화의지'를 엿볼 수 있는 글을 남긴다. 서재필의 생각도 이와 다르지 않았다.

그때 김옥균의 생각은 무엇보다도 청나라 세력을 꺾어버리는 동시에, 그에 추종하는 귀족들의 세력을 빼앗은 후에 우리나라의 완전

《한성순보》 제7호(1883년 12월 29일)(국립중앙박물관).

자주 독립 정치를 수립하자는 것이 그의 이상이었고, 실현의 최고 목적이었다. 더욱이 청나라에서 대원군을 납치했다는 것은 우리로서 참을 수 없는 치욕이라 하여 더욱이 분개함을 참을 수가 없어 그세력 구축驅逐과 귀족 타파의 깃발을 둘러메고 나서려 한 것이다.[1]

개화파가 거사 시기를 1884년 12월로 잡은 것에는 몇 가지 배경이 있다. 임오군란 당시 군사 3천 명을 파견했던 청나라가 그해 봄 프랑스와 안남베트남 문제를 둘러싸고 갈등을 빚다가 8월에 청-프랑스 전쟁이 일어났다. 그러자 청나라가 조선에 주둔하던 병사 1,500명을 베트남 전선으로 이동시키면서 조선에는 청나라 군인이 1,500명만 남게 되었다. 게다가 청군은 프랑스 함대에 계속 밀리면서 패배를 거듭하고 있었다. 개화파는 이 기회를 이용했다.

또 다른 이유도 있었다. 개화파에 적대적이었던 일본공사 다케조에(竹添進一郎)가 한 달가량 본국에 있다가 귀임했는데 종전의 태도를 바꾸어 개화파에 호의를 보였다. 일본 정부가 친청파의 수구세력보다 일본에 호의적인 개화파 정권을 선호하게 되면서 정책이 바뀐 것이다.

개화파들은 자신들이 추구해온 개화·개혁 정치를 펴기 위해서는 친청 수구파 정권을 몰아내지 않고서는 불가능하다고 판단하고 무력정변을 도모하기에 이르렀다. 이들은 고종 임금을 퇴위시킨 뒤에 새 왕조나 입헌공화국을 세우는 것이 아니라 고종 중심의 내각 개편을 통해 국정을 개혁한다는 데 일차적인 목표를 두었다. 근대적 혁명이 아닌 권력 교체의 정변을 시도한 것이다.

개화파는 수구파 정권을 위협할 수 있는 상당한 수준의 병력을 비롯하여 여러 가지 대책을 마련했다.

첫째, 박영효가 1883년 3월에 한성판윤으로부터 광주유수로 좌천되어간 것을 계기로 약 5백 명의 장정을 모집하여 신식 군대를 양성했다. 민비 수구파들은 이 군대를 위험시해서 이를 접수해서 윤태준이 지휘관으로 있는 친군 전영에 편입시켜버렸다. 그러나 이 군대는 뒷날 갑신정변의 무력으로 동원되었다.

둘째, 윤웅렬을 1883년 1월 함경남도병사로 임명하여 북청에서

박영효.

윤웅렬의 주관하에 약 5백 명의 장정을 모집하여 신식 군대로 양성했다. 이 무력은 1884년 10월에 상경하여 그중 250명이 친군영 후영에 편입되었다.

셋째, 김옥균 등이 일본에 유학시킨 서재필 등 14명의 사관생도들이 1884년 7월 귀국하여 갑신정변의 중요한 지휘무력이 되었다.

넷째, 김옥균은 정변을 준비하기 위한 비밀무력조직으로 충의계라는 비밀결사를 만들어 신복모로 하여금 지휘하게 했다. 43명의 충의계 맹원들은 갑신정변의 중요한 무력으로 활약했다.

개화당은 이상의 약 8백 명의 정변무력을 준비하는 데 성공했다.[2]

갑신정변, 수구 대신 5명 처단

갑신정변 당시 서재필은 스물한 살의 청년이었다. 그래서 거사 준비 과정에서는 주도적으로 끼지는 못했던 것 같다. 그러나 거사 전야에 작성된 업무 분담표에 서재필의 임무는 '문금 취체와 병졸의 영솔'로 적혀 있다. 즉, 문을 지키고 병사들을 이끄는 일이었다. 서재필이 군사 교육을 받았기 때문에 이 임무를 맡았던 것으로 보인다.

당시 업무 분담표에 나와 있는 거사의 주요 인물들의 역할은 다음과 같았다.

> 홍영식: 모의 총람總覽의 제1인자
> 박영효: 집행의 총지휘
> 서광범: 참모 계획
> 김옥균: 일본 공사관과의 교섭 통역
> 서재필: 문금 취체門禁取締와 병졸의 영솔
> 이규완·윤경순: 사관학도 10여 명을 인솔하고 방화하고 수구파를
> 주륙誅戮하는 등 하수下手의 임무의 일체를 맡음.[3]

개화파는 거사의 시점과 목표를 면밀하게 검토했다. 작게는 자신들의 정치적·생물학적 생명이 걸린 것은 물론이요, 크게는 나라의 장래가 걸린 문제였다. 거사의 성패에 따라 역적이 될 수도 있

홍영식.

고 개화 시대의 주역이 될 수도 있는 절체절명의 순간이었다. 이들의 목표는 단순히 청나라(군)의 세력을 몰아내는 데 그치지 않고, 더 나아가 외세에 빌붙어 나라를 거덜 내고 있는 수구세력을 척결하는 것이었다.

거사의 방법으로 다음과 같이 세 가지 방안이 제시되었다.

1안: 우정국의 창립 축하연에서 수구파를 처단하는 방법.
2안: 경상감사 심상훈을 달래서 북유北由에 있는 홍영식의 별장인 백록동白鹿洞 정자에서 연회를 베풀고 수구파를 처단하는 방법.
3안: 자객에게 청복淸服을 입혀 일거에 민영목·한규직·이조연 등 사

조선 말기에 체신 사무를 담당하던 관아인 우정총국(郵征總局)의 현재 모습.

대당을 죽이고 민태호·민영익 부자에게 죄를 씌워 함께 궤멸潰

滅시키는 방법.[4]

이 세 가지 방안 중에서 첫 번째 방안을 택했다. 그 이유는 "제2
안은 심상훈을 설득하는 과정에서 실패했고, 제3안은 성공의 가능
성이 적어 포기"[5]했기 때문이다.

이들이 우정국의 낙성식을 택하게 된 데는 그 까닭이 있었다. 개
화파인 홍영식이 일본에 수신사로 다녀온 뒤 1883년에 근대적인
우편제도를 실시하기 위해 우정국을 창설하고 그 책임인 총판을
맡고 있었기 때문이다. 우정국 창설 책임을 개화파가 맡고 있고,
마침 우정국 신축 건물이 완공되어 12월 4일에 열리는 낙성식 축
하연은 수구파 요인들을 제거하기 좋은 기회였다.

서재필은 당시의 상황에 대해 자신의 소견을 다음과 같이 말했다.

개혁파는 평화적 수단으로 국운을 개척하려 갖은 노력을 했으나 아무 성과도 없었다. 그리하여 종말에는 황제와 그의 일족을 강제로라도 그 궁정 내 부란한 주위로부터 모셔내다가 모든 인습과 폐풍을 개혁시키는 새 칙령을 내리시도록 하게 하려 계획했던 것이다. 이 계획은 1884(갑신)년 12월 6일 밤에 실행되었다.[6]

　서재필의 회고대로 개화파는 수구파 거두들을 제거하여 국정농단과 청나라에만 지나치게 의존하는 굴종 관계를 끊고, 민비를 비롯하여 국왕 주변에 어슬렁거리는 썩어 문드러진 무리들을 소탕하고, 고종에게 요청하여 개혁정치를 실현하고자 했다. 이 거사는 일종의 궁정 쿠데타 혹은 정변이었다.

　역사적인 1884년 12월 4일, 우정국 낙성식 축하연에는 미국, 영국, 청나라 공사와 영사 등 각국 외교관과 이날의 '주역'인 김홍집, 민영익, 이조연, 한규직, 민병석 등 민씨 척족과 세도가들이 대거 참석했다. 거사를 준비한 개화파의 김옥균, 홍영식, 박영효, 서광범 등이 참석한 것은 물론이다.

　거사의 봉홧불, 즉 신호는 이웃집의 방화였다. 축하연이 한창이던 밤 10시경에 봉홧불이 타올랐다. 갑작스러운 화재에 어수선한 틈을 타서 마침내 준비한 거사가 시작되었다. 이조연, 한규직, 민영목, 조영하, 민태호 등 수구파 다섯 대신과 내시_{유재현}가 현장에서 살해되거나 또는 정변 와중에 살해되었다.

　김옥균 등은 곧장 창덕궁으로 달려가서 경비가 쉬운 경우궁_{순조}

의 생모인 수빈 박씨의 사당으로 고종의 거처를 옮겼다. 서재필이 지휘하는 병력이 국왕의 수레를 호위하고, 일본군 150명이 경우궁 요소의 수비를 맡았다.

이때의 위급했던 정황을 김옥균은 다음과 같이 기술한다.

경우궁 뜰에 이르자 박(영효) 군과 다케조에가 병사를 거느리고 왔다. 이에 내 마음이 비로소 안정되었다. 대가大駕와 모든 비빈妃嬪들이 정전正殿에 편히 좌정한 후 일본 공사와 우리들은 좌우에 시위侍衛하고 일본 병사는 대문 안팎을 경호하며 사람의 출입을 금지시켰다. 서재필은 사관생도인 정란교, 박응학, 정행징, 임은명, 신중모, 윤영관, 이규완, 하응선, 이동호, 신응희, 이건영, 정종진, 백낙운 등 13인을 거느리고 정전 위에 시립했다.[7]

정변은 계획대로 진행되었다. 국왕이 자신들의 손안에 들어와 있었고, 수구파 대신 5명을 처단했다. 일본 군인들이 경우궁 안팎을 지켜주었고, 서재필을 비롯한 개화파 병력들도 진영을 갖추고 있었다.

갑신내각, 14개조 개혁요강 발표

개화파들의 거사는 성공을 거두었다. 이들은 고종의 재가를 받아 5일에는 새 내각을 구성하고 잇단 개혁정책을 발표했다. 각료 등이 몇 차례 번복된 다음 확정한 최종 각료 명단은 다음과 같다.

영의정: 이재원(고종의 종형)

좌의정: 홍영식

전후영사 겸 좌포장: 박영효

좌우영사 겸 대리외무독판 및 우포장: 서광범

좌찬성 겸 우참찬: 이재면(대원군의 서자)

이조판서 겸 홍문관제학: 신기선

예조판서: 김윤식

병조판서: 이재완(이재원의 아우)

형조판서: 윤웅렬

공조판서: 홍순형(왕대비의 조카)

호조참판: 김옥균

병조참판 겸 정령관: 서재필

도승지: 박영교

신정부의 각료는 개화파 요인과 국왕 종친의 연립내각 형태로 구성되었다. 개화파들은 '혁명내각'의 요직에 국왕의 종친들을 앞 히면서 비교적 안정된 조각을 구성했다. 다만 혁명내각 명단에서 서재필이 병조참판에 임명된 것을 둘러싸고 뒷날 진위 여부가 논 란이 되었다.

먼저, 그날 자『고종실록』에는 서재필이 정령관에 임명된 사실만 기록되었을 뿐이어서 병조참판에 임명된 사실은 확인되지 않는다. 또한 아무리 혁명의 와중이라도 당시 스물한 살의 나이로 종친도 아닌 그가 종이품 당상관의 고위직에 임명된다는 것은 상식에 맞지 않다는 주장도 제기되었다. 게다가 갑신정변의 주역인 김옥균이 호조참판이었는데 그보다 열두 살이나 어린 서재필이 김옥균과 같은 반열에 오른다는 것은 납득이 안 된다는 의견도 나름 일리가 있다.[8] 진위 여부의 논란이 있으나 여기에서는 각료 명단의 내용에 따르기로 한다.

개화파 세력은 지체 없이 국왕의 이름으로 새 정부가 수립되었음을 공포하고, 각국 영사와 공사들을 초치하여 새 정부의 출범과 개혁정치의 구상을 설명했다.

6일에는 새 정부의 14개조 개혁요강을 발표했다(다음 내용은 이해하기 쉽게 현대문으로 정리·요약한 것임).

갑신정변 14개조 개혁요강

1. 청에 잡혀간 흥선대원군을 곧 돌아오게 하며, 종래 청에 대해 행하던 조공의 허례를 폐지한다.

2. 문벌을 폐지하여 인민평등의 권리를 세워, 능력에 따라 관리를 임명한다.

3. 지조법을 개혁하여 관리의 부정을 막고 백성을 보호하며, 국가재정을 넉넉하게 한다.

4. 내시부를 없애고, 그중 우수한 인재를 등용한다.

5. 부정한 관리 중 그 죄가 심한 자는 벌을 내린다.

6. 각 도의 상환미를 영구히 받지 않는다.

7. 규장각을 폐지한다.

8. 급히 순사를 두어 도둑을 방지한다.

9. 혜상공국(통리군국사무아문에 속해 전국의 보부상을 단속하는 일을 맡아보던 기관-필자)을 혁파한다.

10. 귀양살이를 하고 있는 자와 옥에 갇혀 있는 자는 그 정상을 참작하여 적당히 형을 감한다.

11. 4영을 합하여 1영으로 하되, 영 중에서 장정을 선발하여 근위대를 급히 설치한다.

12. 모든 재정은 호조에서 통할한다.

13. 대신과 참찬은 매일 합문 내의 의정소에 모여 정령을 의결하고 반포한다.

14. 정부·육조 외의 모든 불필요한 기관을 없앤다.

서재필은 나이가 비록 어렸으나 갑신내각의 병조참판으로 임명되었다. 병권을 관장하는 막중한 임무였다. 새 내각의 주역들은 고종을 등에 업고 자신들이 구상해온 국정개혁으로 근대적 국가를 건설해보고자 서둘렀다. 14개조 요강에는 국정개혁의 청사진이 담겼다.

그러나 수구반동 세력은 쉽게 권력의 끈을 놓으려 하지 않는 법이다. 최대의 위기 속에서 수구 세력은 음모를 조용히 진행했다. 먼저 민비가 고종을 부추겨 창덕궁으로 환궁할 것을 요구했다. 창덕궁은 경우궁보다 경내가 넓어서 경비하기가 어려웠으나 그만큼 외부와 접촉하는 것이 수월했다. 민비는 이 점을 노렸다.

결국 민비의 요구가 받아들여져 고종 일행은 창덕궁으로 환궁했다. 그러자 다음 단계로 민비는 전 우의정 심순택을 은밀히 불러 청군의 출동을 요청했다. 또한 일본군에 의해 조정대신들이 무참하게 학살된다는 소문을 퍼뜨려 장안을 떠들썩하게 만들었다. 민심의 이반현상을 노린 속셈이었다.

12월 6일 오후, 민비 측의 출동 요청을 받은 청군 1,500여 명이 두 부대로 나누어 돈화문과 선인문으로 공격하여 들어왔다. 개화파 직계 군병 100여 명이 맞섰지만 중과부적이었다. 게다가 왕궁을 수비하던 일본군은 당초의 약속을 어기고 곧 병력을 철수했다. 홍영식과 박영효가 지휘하는 사관생도 7명이 고종을 호위했으나 청군의 포위와 진격을 막아내기에는 역부족이었다.

정변군의 병력이 일본군을 합하여 150명 정도였고, 청병의 병력이 1,500명이었다는 불균형은 그들로 하여금 최후의 수단으로 왕의 침전을 장악하게 했다. 그러나 청병의 핍박이 더욱 가열되자 개화파들은 다섯 차례나 자리를 옮겨가면서 왕을 옹위하고 일본 공사관으로 피신하려고 노력했다.

그러나 왕이 이를 거절하자 박영효와 홍영식만이 왕을 따르고

"뒷날을 도모하자"는 다케조에의 제안에 따라 일단 일본 공사관으로 피신했다. 그 와중에서 개화파는 김옥균, 박영효, 서광범, 서재필, 이규완, 유혁로, 정난교, 신응희, 변수 등 9명만이 생존했다.[9]

일본이 1868년 메이지 유신을 통해 근대화를 추진했듯이, 갑신정변의 주역들도 수구세력의 적폐를 청산하고 새로운 시대를 열기 위해서 봉기했던 것이다. 일본이 메이지 유신을 단행한 지 불과 16년이 지난 시점이어서 조선에서 갑신정변이 성공을 거두었다면 동양에서 한·일 두 나라는 상호 경쟁 관계를 유지하면서 근대국가 건설에 매진할 수 있었을 것이다.

삼일천하로 막을 내린 갑신개혁

개화파들은 개혁 의지는 충만했으나 전략은 대단히 미숙했다. 일본을 너무 믿었고, 민비 중심의 수구파 세력의 동태와 청군의 군사력을 과소평가했다. 고종의 거처를 옮겨서 청군을 불러오게 한 것은 결정적인 실책이었다. 여론 동향에도 전혀 대책을 세우지 않았다. 무엇보다 권력을 쟁취하고 개혁을 단행하는 거사를 외군, 즉 일본군에 의존하려 한 생각부터가 건전하지 못했다.

갑신정변은 청군의 무력을 감당하지 못하고 무참하게 무너지면서 개화파의 집권은 '삼일천하'로 끝나고 말았다. 소수의 병력으로 청군에 맞섰던 서재필은 당시를 다음과 같이 기록했다.

　이때 나는 아무리 짧은 동안이나마 자기에게 지휘권이 있는 이상 그대로 부하를 해칠 수도 없어 최후의 일전으로 운명을 결정하려고 했다. 부하 병사들도 말하면 그 기개로나, 식견으로나, 기술로나, 그 당시 세계의 어느 나라 군대보다도 못지않은 정용精勇한 군인들이었다.

　청군에게 대하여 전투의 명령을 내렸다. 최후까지 싸우자, 우리의 독립 개혁을 위하여 무도한 청군을 섬멸시키자, 한 사람이 천을 당할 만한 기세를 가졌다. 우선 선인문宣仁門으로 들어오는 청병에 대하여 처음에는 기왓장으로 싸우다가 될 수 있는 대로 탄환을 아끼면서 탄환에 맞아 쓰러지는 적병이 상당히 다수에 달했을뿐더러 그들은 뜰 가운데 우물 속으로, 혹은 바위틈에 숨어버리기도 하며, 혹은 문 외로 퇴출하기도 하고, 혹은 송림 속으로 도피하기도 했다.

　청병은 군기도 모두 구식일뿐더러 군인의 정신이 이미 부패하여 총을 쏜 대야 공중을 향하여 공폭空爆만 터질 뿐이므로 하나도 전투에는 소용이 없는 것이었다. 그러나 이쪽의 병수는 전영병까지 합하여 약 150명, 일본 병사가 15인가량인 소수의 병력을 가지고 1,500이나 되는 청병과 항의한다는 것은 숫자상으로 이미 승부가 판단된 일이다.

　그런 데다가 한 사람, 두 사람씩 도망하여 도리어 청병에 가담해버리는 자가 있어 우리 파의 기세가 시시각각으로 불리하게 되었다.[10]

갑신정변은 실패했다. 주역 중의 일부는 정변 과정에서 청나라 군대에 살해되고, 일부는 간신히 피한 뒤 일본으로 망명하여 생명을 유지할 수 있었다. 서재필은 김옥균, 서광범, 박영효 등과 함께 인천으로 피신했다.

고종은 한 나라의 왕으로서 대단히 유약하고 기회주의적 처신을 보였다. 개화파가 득세하자 개혁요강을 재가하는 등 개혁적인 모습을 보이는 척했다. 그러나 청나라 군대의 군사력에 의해 다시 수구파가 정권을 장악하면서 돌변했다.

> 8일에는 김옥균, 박영효, 홍영식, 서광범, 서재필을 5적으로 규정하고 처벌할 것을 주장하는 자들이 많았으므로, 외무독판 조병호를 대관에 임명하고 인천감리 홍순학을 부관으로 임명하여 외무협판 묄렌도르프와 인천에 가서 김옥균 일파의 인도를 다케조에에게 요구했다.[11]

수구파의 보복은 잔혹하게 진행되었다. 거사에 가담했던 대부분의 사관생도 출신들은 현장에서 참살되고, 개화파 수뇌들의 가족들도 처형당했다. 서재필의 형 서재우와 아우 서재창은 참형을 받았다. 아버지 서광효와 어머니 성주 이씨는 음독자결하고, 아내도 스스로 목을 매어 죽었다. 하나 남은 피붙이였던 두 살 된 아들은 굶어 죽었다.

서재필은 그로부터 50여 년이 지난 1935년에 갑신개혁이 실패한 이유를 다음과 같이 회고한다.

갑신정변도, 다른 나라의 혁명과는 달라서 피압박 민중의 분기奮
起로 된 것이 아니고, 그 당시 특수 계급의 몇몇 청년의 손으로 된 것
이었다. 다만 아래의 두 경우가 유사할 뿐이다. 즉, 1215년 영국의 귀
족들이 존John 왕을 강박하여 러니미드 야野에서 그 유명한 헌장大憲
章: 마그나 카르타에 서명케 한 것과, 1876년 사쯔마·조슈·도사의 다이묘
大名들이 최후 쇼군將軍의 왕후적王侯的 권력을 빼앗아 판적봉환版籍奉還
을 하게 한 것이다.

갑신년 조선의 개혁운동자들은 의심할 것도 없이 이상 두 전례前
例에서 영감을 받았던 것이다. 영국이나 일본인 귀족과 조선 민족 간
의 차이는 다만 전이자前二者는 성공한 것이고, 후자는 실패한 것뿐이
다. 그런데 조선 귀족 실태의 근본적 원인은 둘이니, 하나는 일반 민
중의 성원이 빈약한 것이고, 또 하나는 너무도 타他에 의뢰하려 했던
것이다.

동서양을 막론하고 민중의 조직이 있고 훈련 있는 후원이 없이 다
만 기개인幾個人의 선각자만으로 성취된 개혁은 없는 것이다. (…) 이
는 마치 유대인이 그리스도를 알지 못한 것과 같다.[12]

갑신정변은 결국 실패했으나 그 의미는 결코 작지 않았다. 한 연
구가는 갑신정변의 의의를 다음과 같이 분석했다.

첫째, 세계사적으로 한국 민족이 대개혁을 단행하기에 적절한 시기에 가장 정열적으로 중세 국가 체제를 청산하고 자주부강한 근대국가를 건설하려 한 첫 번째의 가장 적극적인 자주 근대화 운동이었다.

둘째, 한국 근대사에서 개화운동의 방향을 정립하여 주었다. 갑신정변이 추구한 자주부강한 근대국가와 시민사회와 자본주의 경제와 근대 문화와 자주적 근대 국방은 그 뒤 모든 개화운동과 민족운동이 계승하여 추구한 것이었다.

셋째, 한국 민족의 반침략 독립운동에도 하나의 기원을 만들어주었다. 갑신정변의 독립운동은 당시 중국의 조선속방화정책에 대한 과감한 저항의 형태를 가진 것이었지만 이 운동의 내부 성격은 모든 외세의 자주권 침해와 침략에 대한 저항과 독립의 추구가 본질을 이루고 있었다.

넷째, 한국의 근대 민족주의 형성과 발전에 하나의 이정표를 세운 운동이었다. 한국 근대사에서 그 뒤의 모든 민족주의 운동은 갑신정변을 계승하여 그것을 비판하고 반성한 위에서 발전한 것이었다.[13]

4. 1차 망명 시기

일본에 머물다 미국으로 망명

　개화파들은 청나라 군대에 쫓겨 마포에서 배를 타고 인천으로 피신했다. 다케조에의 안내를 받으면서 가는 피신 길이었다. 일행은 인천 주재 일본영사 고바야시小林의 주선으로 제일은행 지점장 기노시타木下의 집에서 숨어 지냈다.

　인천항에는 일본 군함 니즈호日進號와 우편회사 기선 치토세마루千歲丸가 정박해 있었다. 며칠 뒤에 개화파 일행이 치토세마루에 간신히 몸을 실었다. 그때 묄렌도르프가 병사들을 이끌고 나타나서 다케조에에게 김옥균 등 네 사람은 조선의 역적이니 하선시켜 신병을 인도하라고 요구했다. 유약하기 그지없는 다케조에가 답을 하지 못하고 우물쭈물했다. 다케조에를 대신해 치토세마루의 함장이 나서서 이 배에는 그런 사람들이 타지 않았다고 말했다. 그러면서 만약 병사들이 승선하면 사살하겠다고 경고하며 권총을 뽑아 들었다.

서재필 등은 묄렌도르프에게 인계되어 참살을 당할 위기에서 간신히 살아났다. 12월 11일에 치토세마루는 인천항을 떠났다. 이로써 서재필의 길고 험난한 망명길이 시작되었다.

서재필은 새끼줄을 비롯하여 잡동사니가 널려 있는 배 밑바닥에서 사흘 동안을 주먹밥을 먹어가며 동지들과 함께 괴로운 가운데서 보냈다. 그는 숨도 제대로 못 쉬는 초조한 시간을 사념에 잠긴 채 흘려보내고 있었다.

닷새 전까지만 해도 고국을 자주독립국가로 개조하여 국정을 새롭게 하며 일본과 협력하여 전진하려는 의욕과 용기로써 그 제일보를 내딛다가 그만 실패하고, 지금은 치토세마루 배 밑창에 갇힌 몸이 되어 사랑스러운 고국의 품을 떠나는 망명객이 된 서재필은 기구한 운명을 한탄하며 험난할 조국의 앞날을 더욱 서글프게 생각했다.[1]

서재필과 그의 동지들은 12월 11일에 인천항을 떠나 13일에 일본 나가사키를 거쳐 요코하마에 이르렀다. 일본 정부는 다케조에한테 전후 사정을 보고받고 당황했다. 그리고 이 사건을 외교적으로 활용한다. 김옥균 등이 일본으로 망명한 사실이 알려지면서 국내에서는 흥분한 민중이 서울에 있는 일본 공사관을 불태우고 일

2차 수신사로 일본에 파견되었던 김홍집.

본 거류민들을 죽이는 일까지 벌어졌다.

일본 정부는 11월에 이노우에井上馨를 전권대사로 임명하고 2개 대대의 병력을 붙여 조선에 파견했다. 갑신정변 이후 조선에서 일본인들이 죽고 공사관이 불탄 것에 대한 사죄와 배상을 받기 위해서였다. 조선 정부는 김홍집을 전권대신으로 삼아 협상을 벌였다. 그러나 조선 정부가 일본 측의 무력시위에 굴복하면서 11월 24일에 일본과 굴욕적인 조약을 맺게 된다. 이른바 '한성조약'이다.

조약의 내용은 조선 정부의 사과와 손해 배상, 일본인 살해 사건의 범인 처벌, 일본 공사관 신축부지 제공과 신축비 지불 등이었다. 이 조약으로 일본은 조선 침략의 기초를 다지게 된다. 갑신정변이 엉뚱하게 일본의 조선 침략의 명분으로 작용하게 되었다. 그리고 정부는 묄렌도르프를 앞세워 일본 정부에 서재필 등의 체포와 송환을 요구했다.

일본 정부는 청나라와의 외교 관계를 우려하여 조선 망명객들을 냉대했다. 아직 국력이 청나라와 전쟁하기에는 부족하다고 판단했기 때문이다. 김옥균 등은 일본의 배신적 처사에 치를 떨면서 각자도생으로 살길을 찾았다. 박영효와 서광범은 글씨를 써서 일본인들에게 팔면서 미국으로 갈 여비를 준비했다.

서재필은 장차 한국에서 안전하게 전도할 수 있는 기회를 기다리던 미국 선교사 루미스를 만나 그에게 한글을 가르치고 그에게서 간단한 영어를 배웠다. 3개월간 90원가량 모은 세 사람은 미국으로 갈 수 있는 준비를 마쳤다. 김옥균은 일본에 지인들이 많아 일본에 머물기로 했다.

서재필과 박영효, 서광범 세 사람은 1885년 5월 26일에 미국의 소형 선박 차이나호를 타고 요코하마를 떠났다. 차이나호는 보름여 항해한 끝에 6월 11일에 샌프란시스코에 상륙했다.

서광범은 1년 전까지 워싱턴 주재 한국영사관의 참사관이었으나 지금은 역적으로 몰린 망명객의 신분이었다. 박영효는 철종의 부마_{임금의 사위}로서 고국에서는 존귀한 신분이었으나 역시 지금은 역적의 신세였다. 서재필은 사고무친, 천애의 고아 같은 신세였다. 그는 뒷날 당시의 절박했던 처지를 이렇게 떠올린다.

젊은 시절의 서재필.

  우리는 아는 사람도 없고 돈도 없고 언어도 통하지 않으며 이 나라 풍습에도 익숙하지 못했다. 이처럼 생소한 곳에서 우리는 온갖 고초를 맛보지 않을 수 없었다. 이곳에서는 귀족이던 박영효 씨나 바로 1년 전까지 워싱턴 우리 공관에서 참사관으로 근무하던 서광범 씨의 지위를 알아주는 이가 전혀 없었다.

  그러니 아무 명목 없는 나인지라, 나 자신을 남이 몰라준다고 물론 낙심하지 아니했다. 우리 세 사람은 태평양의 거친 파도에 밀려서 캘리포니아 해안에 표착한 쓰레기처럼 외롭고 가엾어 보이는 존재들이었다.[2]

이렇게 시작한 서재필의 미국 망명 생활은 1895년에 고국의 정세 변화로 일시 귀국할 때까지 10년 넘게 계속되었다. 이 시기를 '1차 망명기'라 할 수 있다. 이 기간에 서재필은 글과 말로 다 하기 어려운 곤경을 겪으며 미국에 정착한다.

세 사람은 일본에 있을 때 선교사들이 써준 소개장을 들고 도움을 줄 만한 사람들을 찾아다녔으나 번번이 허탕이었다. 게다가 얼마 지나지 않아 이들이 준비해간 돈이 바닥을 드러냈다. 결국 더 버티지 못하게 되자, 서광범은 조선에 파견된 선교사 언더우드 목사의 형의 도움으로 뉴욕으로 떠나고, 박영효는 어느 일본인의 도움을 받아 다시 일본으로 돌아갔다.

서재필은 혼자 샌프란시스코에 남게 되었다. 그러던 어느 날 우연히 한 기독교인을 만나 일자리도 얻고 영어를 공부할 수 있는 기회도 얻게 된다.

그때 나는 어느 한 친절한 교인敎人을 만났는데 그를 통해서 일자리도 얻고 영어 공부도 할 기회를 얻었다. 나는 안 해본 노동이 없었다. 그중의 제일 쉬운 일이 어느 가구상의 광고지를 이집 저집 문 앞에 붙이고 다니는 일이었는데, 일 자체는 그다지 힘들지 않았으나 일본제日本製의 잘 맞지 않는 구두를 신고 온종일 뛰어다니는 것이 고르지 못했다. 그래도 나는 이를 악물고 그 고통을 참고, 다음 날도 그 괴로운 광고지 붙이는 마라톤을 했다.[3]

'구호의 천사' 홀렌벡

샌프란시스코에서 서재필은 일급 2달러를 받으면서 고된 노동을 하고 저녁에는 YMCA에서 영어를 배웠다. 당시에는 중국인 노동자들은 더러 있었으나 한국인은 거의 없었다. 그래서 더욱 외롭고 간고했다.

어느 날 교회의 친구를 통해 펜실베이니아주의 갑부 존 웰스 홀렌벡John Wells Hollenbeck을 만났다. 서재필이 나중에 '구호의 천사'라고 불렀을 만큼 홀렌벡은 은인이었다.

홀렌벡은 태평양 연안을 여행하며 여름휴가를 즐기던 중이었다. 교인들로부터 젊은 동양인이 있다는 소식을 듣고, 호기심이 발동하여 서재필을 만났다. 이 자리에서 홀렌벡은 서재필에게 여비와 학비를 대줄 테니 자기가 있는 곳으로 오라는 제안을 한다.

그 자세한 이야기는 다음과 같다. 다음 글에서 송재는 서재필을 가리킨다. 참고로 서재필은 한국에서 개화운동을 할 때 송재松齋라는 호를 사용했고, 김옥균은 고균古筠, 박영효는 현현거사玄玄居士, 홍영식은 금석琴石이라는 호를 각각 썼다.

양반의 풍채를 지니고 있었을 젊은 동양인에 대해 홀렌벡은 관심을 갖고 미국에 온 목적이 뭐냐고 물었다는 것이다. 송재는, 자기는 미국 교육을 받으러 왔으나 형편이 못 되어 낮에는 노동을 하고 저녁에는 YMCA 강좌에 다닌다고 했더니, 자기 있는 곳에 오겠다면 여비도 대주고 모든 학비도 대주겠다고 하므로, 청년 서재필은 어쩔 줄 모르고 기뻐하여 미국 동부를 향해 떠난 것이다. [4]

홀렌벡은 대단한 재력가였다. 탄광을 소유하고 은행의 총재이면서 거대한 토지를 시市에 기증하여 홀렌벡공원을 만들고, 장로교회 장로로서 주일학교를 운영하고, 중고등학교와 서재필이 입학하게 된 라파예트 대학의 이사직을 맡고 있었다.

서재필은 홀렌벡의 도움으로 미국 동북 지역인 윌크스 배리의 해리 힐먼 중고등학교에 입학했다. 풍광이 아름답고 조용한 이곳에서 그는 3년 동안 영어는 물론 수학, 과학, 물리학, 생리학, 라틴어, 불어, 희랍어 등을 배웠다.

스물한 살부터 스물네 살 때까지 그는 별천지와 같은 이곳에서 폭넓은 공부를 할 수 있었다. 고국에서 있었던 정변, 일본으로 피신과 그곳에서의 간고한 생활, 샌프란시스코의 고초 등 아직 20대 초반에 불과한 그가 감내하기에는 힘겨웠던 역경이었다. 게다가 가족은 몰살당하고 고국에서는 수구파에 의해 국정이 더욱 문란해지고 퇴행하고 있었다.

서재필의 학비는 홀렌벡이 대주었다. 또한 스콧이라는 그 학교 교장 집에 기거하면서 집안일을 돕는 것으로 서재필은 생활비를 해결했다.

힐먼 학교는 그가 경험했던 일본 도야마戶山 육군 소년학교보다는 규율이 엄격하지는 않았으나 스콧 교장의 근엄한 지도 아래서 내용이 충실하면서도 공부 방식이 민주적이었다. 즉, 교육은 교사의 일방적 교시에 의하지 아니하고 학생들의 숙제 및 토론에 의해 진행되었다. 특히 숙제를 하기 위해 도서관에서 여러 책을 섭렵하고 연구하는 방식은 서재필에게 흥미로워서 더욱 그를 학업에 정진하게 만들었다.

한편, 스콧 가족과 함께 생활하면서 서재필은 교육적으로도 많은 도움을 받았다. 교장 부인은 어머니와 가정교사의 역할을 마다하지 않아, 특히 언어 소통이 불완전했던 첫해 동안 서재필의 숙제를 일일이 챙겨주었다. 더욱이 스콧의 집에는 그 장인이 함께 살았는데, 그는 은퇴한 법관으로 미국의 역사, 서양의 철학, 사고방식, 민주주의의 원리 등을 그의 경험에 비추어 소상히 서재필에게 가르쳐주었다.[5]

이 학교는 청년 망명객에게 인생의 새로운 진로를 개척하는 데 보금자리 역할을 해주었다. 또 가족사의 아픈 상처를 치유하는 데에도 좋은 기회가 되었다. 서재필이 힐먼 학교와 교장의 가족을 만난 것은 행운이었다. 서재필 본인의 소회를 들어보자.

그는 퇴직 법관으로 주 법원과 연방 법원에서 오랫동안 법관으로 일한 분이었다. 그는 밤마다 입법과 법정에서의 자기 경험을 말해주었는데, 미국 생활과 제도를 알기에 목마른 나에게는 유익하고도 견줄 데 없이 흥미 있는 일이었다. 나는 그의 말을 듣는 것이 정규 학과에서 배우는 것보다 더 많다고 생각했다.

　미국 학생들은 자기 부형들이나 나이 든 친척들로부터 학과 이외의 여러 가지 훈련과 교육을 받지만, 천애일각天涯—閣의 고독한 신세였던 나에게는 그만한 연령, 그만한 경험의 인물과 그다지도 친밀한 관계를 가진 것이 참으로 희귀한 기회이었던 것이다.[6]

　머리가 똑똑하고 한국과 일본에서 기초교육을 받은 데다 윌크스배리의 좋은 환경에서 공부한 서재필은 예정보다 1년을 단축하여 3년 만인 1888년 6월에 학교를 졸업했다. 졸업식 때는 학생대표로 뽑혀 고별연설을 했다.

　그로부터 얼마 뒤인 6월 19일에는 한국인 최초로 필립 제이슨 Phillip Jaisohn이라는 이름으로 미국 시민권을 얻었다. 고국의 국정개혁을 위해 갑신정변을 일으켰던 그가 미국 시민권을 취득하면서 정신적으로 갈등이 컸을 것이다. 그러나 그는 고국에서는 여전히 '역적'이라는 죄인 신분이어서, 미국 시민권이 자신의 생명을 보호해줄 것이라 믿었다.

　서재필은 프린스턴 대학이나 라파예트 대학에 진학하여 공부를 더 하고 싶었다. 그런데 홀렌벡의 생각은 달랐다. 프린스턴 신학교에 가서 신학 공부를 마치고 한국으로 돌아가 선교사가 되기를 바랐다. 아무리 미국 시민권을 취득했다고는 하지만 서재필은 여전히 역적이라는 국사범의 신분이었고, 가족은 멸문지화를 당했으며, 동지들은 참살되거나 해외를 떠돌고 있었다.

홀렌벡이 선교사 활동을 권유한 데에는 배경이 있었다. 1885년 8월에 미국인 선교사 헨리 아펜젤러가 조선에 들어가 최초의 근대식 교육기관인 배재학당培材學堂을 세우고, 같은 해 2월에 미국 선교사이자 의사인 호러스 앨런이 최초의 서양식 병원인 광혜원廣惠院(같은 해에 '제중원'으로 이름을 고침)을 설립한 데 이어, 1886년 4월에는 미국의 북감리교 선교사인 메리 스크랜턴이 역시 서울에 최초의 여성 교육기관인 이화학당梨花學堂(이화여자대학교의 전신)을 설립했다. 1887년 9월에는 미국인 선교사 호러스 그랜트 언더우드가 서울에 장로교새문안교회를 설립하는 등 미국 선교사들의 활동이 시작되고 있었다. 홀렌벡도 이들과 같은 눈부신 선교 활동을 벌이고 싶었을 것이다.

정치적으로는 한성조약 체결 후 일본의 세력이 날로 증가하는 터에 영국 해군이 거문도를 점거하고1885년 3월, 청나라의 위안스카이가 조선에 부임하여 고종 폐위 음모를 꾸미고1885년 10월, 전국 각지에서 민란이 발생했다. 동학교도들은 삼례집회1892년 11월와 서울 광화문에서 복합상소1893년 2월, 보은집회1893년 3월에 이어 동학농민혁명1894년 1월으로 폭발했다.

그리고 1894년 2월 22일양력 3월 28일에는 서재필의 멘토이기도 했던 김옥균이 일본 정부의 냉대를 받아 홋카이도북해도에 연금되었다가 조선 수구세력의 후원자인 이홍장을 설득하고자 청나라로 건너가 활동하다가 조선 정부에서 밀파한 홍종우에게 암살되었다. 김옥균의 시체는 조선으로 옮겨져 양화진에서 다시 능지처참당하는 수모를 겪었다.

홀렌벡은 미국 선교사들의 활동과 업적에 자극을 받은 것으로 보인다. 그러기에 정치·사회적으로 혼란한 조선에 가서 서재필이 선교 활동을 벌이기를 바란 것이 아닌가 싶다.

한국인 최초로 의학박사 학위를 받다

서재필은 홀렌벡의 권유에 고민했다. 그동안 혈혈단신인 자신에게 많은 지원을 해주고 미국에 정착할 수 있도록 은혜를 베풀어 준 홀렌벡의 호의를 받아들일 수가 없었기 때문이다. 아무리 미국 시민권을 가졌다고 하더라도 고국에 가면 무사할 것 같지가 않았다. 또한 7년 뒤에 그의 기대대로 선교사 자격을 구비할 수 있을지도 의문이었다. 공부도 더 하고 싶었다.

서재필의 결심을 들은 홀렌벡은 냉정하게 돌아섰다. 그리고 더 이상의 지원을 끊어버렸다. 서재필은 그의 은덕을 배신하는 것 같아서 여러 날 동안 번민했다. 돌이켜 보면 그의 도움으로 해리 힐먼 중고등학교를 다닌 3년은 서재필의 생애에서 가장 행복한 시간이었다. 그뿐만 아니라 이 기간에 근대적인 지식과 사상체계를 갖출 수 있는 기본 학문을 배울 수 있었다.

후일 서재필이 귀국하여 ≪독립신문≫ 발행과 독립협회 활동을 하면서 국민을 교화하는 동안 힘차게 전파했던 서양의 사고방식들―벤담J. Bentham, 공리주의, 로크J. Locke, 루소J. J. Rousseau, 몽테스키외C. Montesquieu 등의 계몽사상, 특히 미국 민주주의 사상―은 거의 다 이 시기에 형성된 것으로 추측된다.[7]

서재필은 1890년 펜실베이니아주의 이스턴에 있는 라파예트 대학에 입학했다가 이듬해에 학교를 그만두고 워싱턴으로 떠난 것으로 알려졌다. 그러나 서재필의 미국 망명 시절에 대해 연구해온 이정식 교수에 따르면, 라파예트 대학의 학적부·학생 앨범, 대학생 명단 등에는 서재필Philip Jaishon이라는 이름은 전혀 보이지 않는다고 한다. 일부 동창 명부에는 그가 올라 있고, 본인은 몇 사람에게 라파예트 대학 시절 자신에게 친절했던 하이트 교수에 대해 언급하는 등 이 학교에 다닌 것으로 증언했다.

> 라파예트 대학에 전혀 기록이 없는데(1937년에 발간된 동창 명부에는 서재필의 이름이 올라 있으나 1913년과 1924년에 발간된 동창 명부에는 기록이 없다) 송재가 여러 가지로 라파예트 대학 얘기를 한 것을 보면, 그는 그 대학에 정식 등록을 하지 못하고 있으면서도 하이트 교수의 주선으로 비공식적으로 강좌를 택했을 가능성이 있다. 그러나 역시 시기적으로 그럴 틈이 없었으므로 라파예트 대학과 서재필의 관계는 풀리지 않는 수수께끼로 남겨둘 수밖에 없다.[8]

서재필은 직장을 구하고자 워싱턴으로 갔다. 힐먼 학교의 데이 비스 교수가 워싱턴에 있는 스미소니언 박물관의 관장 오티스 앞으로 소개장을 써주었기 때문이다. 오티스는 다시 자신과 친분이 있는 육군의학도서관 관장인 존 빌링스를 소개해주었다. 당시 이 도서관에는 한문과 일어로 된 의학 서적이 5천여 권 소장되어 있었는데, 이를 정리할 사람이 필요했다.

육군의학도서관은 정부 기관이므로 공무원 신분을 얻기 위해 시험을 통과해야 했다. 미국 시민권이 있었기에 서재필은 시험에 응시할 수 있었고, 중국어와 일본어 시험을 통과했다. 이렇게 서재필은 육군의학도서관에 취직해, 낮에 이곳에서 일했다.

직장을 구한 서재필은 워싱턴 시내에 있는 컬럼비안 의과대학 야간학부에 등록하여 1년 동안 공부했다. 이 대학은 수학과 화학 등 기초 과목뿐만 아니라 금속학과 기계학 등을 가르치는 공과대학이었다. 그는 법률을 공부하고 싶었다. 그러나 법률을 가르치는 야간 대학이 없어서 코코란 대학에 들어가야 했다.

서재필은 1년 뒤에 같은 대학의 의학부에 입학해 본격적인 의학도로서 첫발을 내딛는다. 그가 의학도의 길을 걷게 된 것은 육군의학도서관의 빌링스 대위의 권고 때문이었다. "빌링스는 창의력과 설득력과 조직력이 강할뿐더러 온정의 인물이었고 미국 의학계에 획기적인 공헌을 한 사람이었다. 서재필의 첫 은인은 차가운 성격의 인물이었는데 둘째 번의 은인은 그와 정반대였다. 1836년생인 빌링스는 서재필보다 28세나 위였는데 그의 따뜻한 도움을 받으면서 서재필은 변해나간 것이었다."[9]

박정양.

서재필은 미국에서 '인복人福'이 있었던 것 같다. 빌링스 역시 그
에게 많은 도움을 주고 의사가 되는 데 결정적인 길을 열어주었다.
빌링스의 도움으로 1889년 가을 학기부터 의과대학 야간학부에 등
록하고 3년간의 정규과정을 수료했다.

만 28세였던 1892년 3월에 소정의 과정을 마친 서재필은 한국
인으로는 최초의 의학사MD 학위를 받았다. 조선에서 과거에 급제
하고 일본에서 군사학을 배우고 한국에서 양의라고 불리는 미국의
의사자격을 받았다. 기구한 생애였다.

서재필이 워싱턴에 도착하던 해인 1888년 1월에 박정양을 공사
로 하는 최초의 주미 한국공사관이 개설되었다. 이상재와 이완용
등 10여 명의 한국인 외교관들이 사모관대를 하고 각종 연회에 참

석한 것은 물론 워싱턴 시가를 유람하여 화제가 되었다. 이 같은 사실을 보도를 통해 알게 되었으나 서재필은 이들과 접근할 수 없었다. 서재필은 여전히 '역적'이었기 때문이다.

서재필은 의과대학을 졸업하던 해인 1892년부터 그 이듬해까지 워싱턴에 있는 가필드 병원에서 인턴 과정을 마치고 1893년에 의사면허를 받았다. 그리고 1894년에 의학박물관 일을 그만두고 병원을 개업했다. 이와 관련해 이정식 교수는 당시 미국은 최악의 경제공황 시기였는데 안정적인 공무원을 사직하고 개업한다는 것은 상식적으로 이해가 가지 않는다고 의문을 제기했다.[10]

뮤리엘 암스트롱과 재혼

의사가 되고 개업을 하면서 어느 정도 생활이 안정되자 서재필은 결혼해 새로운 가정을 꾸렸다. 젊었을 때 결혼했던 부인은 첫아들을 낳은 뒤에 갑신정변이 실패로 끝나자 반역자의 가족으로 몰려 자살했다.

서재필은 만 서른 살이 되던 1894년 6월 20일, 미국 여성인 뮤리엘 암스트롱과 재혼했다. 뮤리엘은 당시 스물세 살이었다. 그의 아버지는 미국 철도 우체국을 창설하고 초대 국장을 지낸 조지 암스트롱이었고, 어머니도 지역 명문가 집안 사람이었다.

이들의 결혼식은 커버넌트 교회에서 열렸다. 결혼식에는 판사,

뮤리엘 암스트롱.

장군, 국회의원, 의사 등 저명인사와 시민 200여 명이 참석하여 성
황을 이루었다. 미국의 유력 신문인 ≪워싱턴 이브닝 스타≫와 ≪워
싱턴 포스트≫가 이들의 결혼 소식을 크게 보도할 만큼 결혼식은 화
제를 모았다.

　워싱턴의 유력 집안의 딸이 동양 출신의 청년과 결혼하는 것은
당시에는 퍽 드문 일이었다. 더욱이 그때 서부에서는 중국인 배척
운동이 심할 때였다. 그런데도 두 사람이 국경을 넘어 결혼에 이를
수 있었던 것은 서재필의 준수한 용모와 성실한 인품 때문이었다.
이들 사이에서 두 딸, 스테퍼니와 뮤리엘이 태어난다.

　서재필은 병원을 열었으나 인종차별 때문에 수입이 많지 않았다. 생계가 어려울 정도였다. 그래서 모교의 조교 또는 교수를 하면서 근근이 생계를 유지했다. 서재필은 미국에 체류하면서 많은 변화를 겪었다.

청년 서재필이 10년의 세월을 미국에서 보내면서 무엇을 생각하고 무엇을 느꼈을까 하는 문제는 그가 다시 고국에 돌아가서 한 일들을 보면 알 수 있다. 필자의 소견으로는 서재필이 미국에서 터득한 가장 중요한 것이라면, 국민의 힘이 중요하다는 것과 관리가 법대로 나라를 다스리며, 법이 국민의 지지를 받는 정치를 하여 국력을 배양하여야 한다는 것이다.

서재필이 귀국 후에 국민과 관리의 계몽과 교육을 강조한 이유가 거기에 있었다. 그래서 그는 ≪독립신문≫을 창간하되 국민 대중이 읽을 수 있는 순 한글로 제작하고, 국민과 정부 요인들을 계몽하고 교육하기 위하여 정치, 경제, 사회, 문화 등 각 방면에 관한 글을 쓰고, 국민 전체의 윤리관을 향상시키기 위한 논설과 논문을 발표한 것이었다.[11]

서재필이 미국에서 10여 년 동안 망명 생활을 하는 사이 국내에서는 여러 가지 형태로 격변이 계속되었다. 특히 1894년의 동학농민혁명은 그간 각지에서 전개된 민란 수준을 훨씬 뛰어넘는 혁명적인 봉기였다. '척왜척양'과 '구병입경멸진권귀'驅兵入京滅盡權貴(서울로 진격하여 권세 있고 신분 높은 자는 모두 죽인다)'라는 강령에서 보이듯이, 나라를 망치는 수구파 봉건권력을 타도하겠다는 목표를 둔 혁명이었다.

또한 이들이 내세운 12개조의 폐정개혁안의 내용, 즉 노비문서 소각, 7종의 천인 해방, 청상과부 재가 허용, 지벌地閥 타파, 토지는 평균하여 분작分作 등에서 알 수 있듯이 이들의 봉기는 근대적 민중혁명이었다.

그러나 동학농민혁명 역시 그 뜻을 이루지 못하고 사그라들었다. 동학혁명군의 파죽지세와 백성들의 지지에 놀란 조선의 수구정권이 또다시 청나라에 의지하면서 청나라군을 불러들였다. 그러자 일본은 청나라와 맺은 톈진조약을 빌미로 일본군도 조선에 출병한 뒤, 현대식 무기로 동학혁명군을 폭압적으로 진압·학살하면서 동학농민혁명의 불꽃을 꺼트렸다. 비록 동학농민혁명은 성공하지 못했으나 동학농민혁명의 정신은 피압박 민중을 분기시키고 민족의식을 일깨우는 계기가 되고, 이후 우리나라의 민족·민중운동의 정신적 뿌리가 되었다.

일본군은 동학혁명을 진압한 뒤에도 조선에서 물러가지 않고 조선 내정에 개입했다. 1894년 6월 21일에는 경복궁에 침입하여 친청파인 민씨 정권을 몰아내고 흥선대원군을 형식적 최고 통치자로 옹립했다. 6월 23일에는 수원 부근 풍도에서 일본 해군이 청나라 함대를 선제공격하여 전멸시킴으로써 청일전쟁의 계기를 만들기도 했다.

일본은 조선에 대한 지배권을 노리고 내정개혁을 강요했다. 일본공사 오토리大鳥圭介가 고종을 겁박하여 개화파 정권을 세우도록

했다. 김홍집, 김윤식, 유길준 등을 중심으로 하는 새 정권은 군국기무처를 설치하고 개혁정책을 폈다. 비록 일본의 강요에 따른 피동적인 개혁이지만 10여 년 전 개화파들이 추진하고자 했던 혁신안도 들어 있었다. 동학농민혁명군이 제시했던 폐정개혁안도 포함되었다.

이후 청일전쟁에서 승리한 일본은 본격적으로 조선을 침탈하고자 먼저 친일정권을 세우고 개혁을 내세우면서 개화세력을 등장시켰다. 일본에 있던 김홍집을 귀국시켜 김홍집 내각을 만들고, 서재필에게도 여러 채널을 통해 귀국을 요청했다.

일본 정부는 워싱턴의 주미 공사로 하여금 서광범과 서재필을 조선의 개혁을 위해 귀국하도록 설득하게 했다. 이러한 지시에 대한 주미 공사의 답신은 "이미 의사 개업 면허증을 갖고 미국인 아내와 결혼한 서재필을 조선으로 귀국시키는 것은 분명히 말하지만 불가능하다"[12]라는 것이었다.

귀국 요청을 받은 서재필은 많이 망설였다. 국내의 개혁정책의 배후에 일본이 작용한 것이 가장 큰 문제로 떠올랐다. 갑신정변이 실패했던 이유가 일본의 배신적 행동이었기 때문이다. 일본은 믿을 수 없는 국가라는 생각은 그때부터 변하지 않았다.

서재필은 미국으로 자신을 찾아온 박영효에게 국내 사정을 듣고 실망하면서도, 갑신정변 때에 이루지 못한 국가 개혁에 대한 열망이 여전히 남아 있음을 느꼈다. 또 당시 서재필의 병원은 유색인종 차별로 생계를 유지하기 어려울 정도여서 현실적인 타개책이 필요

했다. 결국 국가 개혁이라는 대의명분과 개인적인 동기들이 작용
한 끝에 서재필은 귀국을 결정한다.

정부에서는 나에게 외무차관이 되어달라고 했으나 나는 의학 연
구를 중단하고 싶지 않아서, 귀국 취임하기를 거절했다. 나의 옛 친
구 박영효, 서광범, 윤치호, 유길준 제씨들은 새 내각의 각료들이 되
었다. 그러나 얼마 안 되어 이 새 내각은 임금의 신임을 잃고 동시에
1884년 때와 조금도 틀림이 없이 황제 측근의 궐내 도당들과 반목불
화를 하기에 이르렀다는 것을 나는 멀리서 들었다.

나는 미국에서 의사 개업을 하기로 결심했는데 뜻밖에도 박영효
가 다시 망명을 하여 워싱턴에 왔다. 그로부터 나는 한국의 정치적
정세는 예전과 같이 절망적이라는 말을 들었다. 박 씨는 내가 귀국
하면 그 정세 아래서 무엇인가 할 수 있을 것이라고 생각하고 있었
다.[13]

독 닙 신 문

조션 셔울 건양 원년 ᄉ월 초칠일 금요일

광고

독닙신문이 본국과 외국 사정을 자셰이 긔록ᄒᆞ고 졍부 쇽과 민간 쇼문을 다 보고ᄒᆞ랴 ᄒᆞᆫ즉 ...

길거리에서 장ᄉᆞᄒᆞ눈이 이 신문을 가져다가 노코 팔고져 ᄒᆞ거든 여긔 와셔 ...

... 박장에 여든 쟝만 셰음ᄒᆞᆷ

논셜

우리가 독닙신문을 오ᄂᆞᆯ 처음으로 츌판ᄒᆞᄂᆞᆫ ᄃᆡ 조션쇽에 잇ᄂᆞᆫ 내외국 인민의게 우리 쥬의를 미리 말ᄉᆞᆷᄒᆞ여 아시게 ...

우리는 첫ᄌᆡ 편벽 되지 아니ᄒᆞᆫ고로 무ᄉᆞᆫ 당을 ᄃᆡᄒᆞ여도 상관이 업고 상하 귀쳔을 달니 ᄃᆡ졉 아니ᄒᆞ고 모도 조션 사ᄅᆞᆷ으로만 알고 ...

... 정부에서 ᄒᆞ시ᄂᆞᆫ 일을 ᄇᆡᆨ셩의게 젼ᄒᆞᆯ 터이요 ᄇᆡᆨ셩의 졍셰을 졍부에 젼ᄒᆞᆯ 터이니 ...

... 우리가 이 신문 츌판 ᄒᆞ기는 취리ᄒᆞ랴ᄂᆞᆫ 게 아닌고로 갑슬 헐 하도록 ᄒᆞ엿고 ...

... 남녀 샹하 귀쳔이 모도 보게 ᄒᆞᆷ이요 또 귀졀을 ᄯᅦᆫ지 아니ᄒᆞᆫ 거슨 아모라도 이 신문 보기가 쉽고 신문쇽에 잇ᄂᆞᆫ 말을 자셰이 알어 보게 ᄒᆞᆷ이라 ...

우리가 서울 ᄇᆡᆨ셩만 위ᄒᆞᆯ 게 아니라 조션 젼국 인민을 위ᄒᆞ여 무ᄉᆞ 일이든지 ᄃᆡ언ᄒᆞ여 주랴홈 ...

... 각국에셔ᄂᆞᆫ 사ᄅᆞᆷ들이 남녀 무론ᄒᆞ고 본국 국문을 몬져 ᄇᆡ화 능통ᄒᆞᆫ 후에야 외국 글을 ᄇᆡ오ᄂᆞᆫ ᄇᆞᆸ인ᄃᆡ ...

... 국문으로 쓰기는 남녀 샹하 귀쳔이 모도 보게 홈이요 또 국문을 이러ᄐᆞᆺ 귀졀을 ᄯᅦ여 쓴즉 ...

... 조션 국문이 한문 보다 얼마가 나흔 거시 무어신고 ᄒᆞ니 첫ᄌᆡᄂᆞᆫ ᄇᆡ호기가 쉬흔이 됴흔 글이요 둘ᄌᆡᄂᆞᆫ 이 글이 조션 글이니 조션 인민 들이 알어셔 ᄇᆡᆨᄉᆞᆫ을 한문 ᄃᆡ신 국문으로 써야 샹하 귀쳔이 모도 보고 알어 보기가 쉬흘 터이라 ...

... 우리 신문이 한문은 아니 쓰고 다만 국문으로만 쓰ᄂᆞᆫ 거슨 샹하 귀쳔이 다 보게 홈이라 ...

... 우리 신문을 보면 죠션 인민이 쇼견과 지혜가 진보ᄒᆞᆯ 줄을 밋노라 ...

... 무론 누구든지 무러 볼 말이 잇든지 세샹 사ᄅᆞᆷ의게 ᄒᆞ고 십흔 말 잇스면 이 신문샤로 간단ᄒᆞ게 귀졀 ᄯᅦ여셔 편지 ᄒᆞᆯᄉᆞ면 ᄃᆡ답 ᄒᆞᆯ 만ᄒᆞᆫ 말이든지 신문에 낼 만ᄒᆞᆫ 말이면 ᄃᆡ답ᄒᆞᆯ 터이요 ...

... 편지ᄒᆞᆯ 때에 몬져 당신의 죠흔 일이든지 남의게 잘못ᄒᆞᆫ 일이든지 세샹에 그 사ᄅᆞᆷ의 ...

5. 다시 개혁에 앞장서다

11년 만의 귀국, 불안정한 정세

귀국을 결정한 서재필은 1895년 11월에 워싱턴을 출발하여 일본 요코하마를 거쳐 12월 말에 제물포로 귀국했다. 재혼한 부인을 남겨둔 채 홀로 조국으로 돌아왔다. 이는 국내 사정을 소상히 알 수 없었기 때문이다.

미국 정부에서 발행한 여권을 발급받았고, 조선 정부에서 주차 미국 공사관 3등 참서관으로 임명한 외교관 신분이어서 신변의 안전은 보장된 셈이었다. 정부는 이에 앞서 역적의 죄도 사면했다.

청일전쟁에서 승리한 일본의 개입으로 조선에서는 개화세력이 집권하고 있었다. 그러나 정세는 여전히 불안정한 상태가 계속되었다. 서재필이 귀국하기 두 달 전에 일본공사 미우라 고로가 주도한 일본군과 일본 낭인들에 의해 민비가 살해되는 사건이 있었다. 10월에는, 미수에 그쳤지만, 친미·친러파인 이완용과 윤치호 등이 고종을 미국 공사관으로 옮기고, 친일파 내각을 무너뜨리려다 실패한 춘생문春生門 사건이 벌어졌다.

> 돌아와 보니 민중전閔中殿께서는 이미 승하했으나 고종께서는 김홍집, 유길준 등으로 조직된 새 정부에 만족하지 못하고 있었고 이면으로는 일본 공관이 있던 왜성대의 일본공사가 절대적 권력을 휘두르고 있었다. 그리고 구각료들이 피살될까 두려워서 미국 공관에 은신하고 있는 것을 많이 보았다.
> 나는 조야를 막론하고 서로 모해하고 서로 살벌하는 모습, 옛날과 조금도 다름이 없는 한국적 광경을 목도했다. 그리하여 나는 상심낙담한 끝에 변복을 하고 다음 선편으로 미국에 다시 건너가려고 했다. [1]

서재필은 유길준의 만류와 지원이 아니었으면 다시 미국으로 돌아갈 뻔했다. 개화기 최초의 유학생인 유길준은 일본에 건너가 게이오의숙을 거쳐 미국 보스턴 대학에서 공부한 뒤 유럽 여러 나라를 순방하고 귀국했다. 그때가 마침 갑신정변의 시기여서 개화파로 몰려 구금되기도 했다. 이 구금 기간에 쓴 책이 그의 대표작인 『서유견문록』이다. 그는 갑오경장 때 외무참의를 지내다가 1896년에 내무대신에 올랐다.

유길준.

유길준은 새 정부에서 서재필의 역할이 중요하다는 사실을 잘 알았다. 자신이 미국 유학을 한 경력이 있었기 때문이다. 유길준은 서재필이 돌아가려는 것을 만류하며 여러 가지 지원을 약속했다.

유길준은 백방으로 나를 만류하고 이런저런 직임을 나에게 권했다. 나는 비록 미국에 다시 가지 않는다 하더라도 벼슬은 하지 않고 민중 교육을 위해 신문을 발간하여 정부가 하는 일을 서민이 알게 하고, 다른 나라들이 한국 때문에 무엇을 하고 있나를 일깨워주는 일이나 해보겠다고 했다. 유 씨는 나의 제의를 쾌락하고 재정적으로 나를 후원하겠다고 약속했다.[2]

혼탁한 정정政情이 계속되었다. 1896년 2월 11일 을미사건 이후 일본 세력을 등에 업고 정권을 장악한 친일 내각은 양력 사용, 단발령 실시, 군제개혁 등 급진적인 개혁을 단행했다. 그러나 민비 살해와 단발령 등으로 민중들 사이에서는 반일감정이 높아졌다. 전국 각지에서 의병을미의병이 일어나고 정국이 날로 소연해졌다.

이런 틈을 타서 이범진과 이완용 등 친러파가 러시아 공사 베베르의 지원 아래 고종과 왕세자를 비밀리에 정동의 러시아 공사관으로 옮겼다. 이른바 아관파천俄館播遷이다. 고종은 김홍집, 유길준, 정병하, 조희연, 장박 등 5 대신을 역적으로 규정하고 포살 명령을 내렸다. 이에 따라 김홍집과 정병하, 어윤중은 군중에게 타살되고, 유길준과 조희연 등은 일본으로 망명했다. 아관파천으로 친일 내각이 무너지고, 박정양을 수장으로 하는 친러 정권이 수립되었다.

서재필은 러시아 공관으로 찾아가서 고종을 알현하고 곧 환궁할 것을 간청했다. 한 나라의 지존至尊으로서 타국의 공관에 빈객으로 머문다는 것은 국가의 체통에 문제가 되기 때문이다. 이 때문에 서재필은 고종과 러시아 공사 베베르의 미움을 받게 되었다.

서재필은 고종에 대해 양가적兩價的 인식을 갖고 있었다. 하나는 서재필이 최연소 급제를 했을 때 직접 불러서 크게 격려해주던 군왕의 모습이었고, 또 하나는 외세를 등에 업은 수구파 간신들에게 둘러싸여 주체성 없이 왔다 갔다 하는 유약한 위정자의 모습이었다.

10여 년 동안 지켜본 미국의 위정자들과 조선의 위정자들이 비교되었다. 또 한 나라의 정치가 소수에 의한 농단이 아니라 의회라는 공론의 장에서 이루어지는 민주공화정이어야 한다는 생각, 그리고 자유롭고 공정한 신문의 역할 등이 떠올랐다.

≪독립신문≫ 창간 준비

서재필은 그중에서도 특히 신문을 발행하는 일이 가장 시급한 과제라고 생각했다. 부패하고 무능한 수구세력을 견제하고, 백성을 계몽하여 내외의 정세를 알리고, 굶주린 승냥이처럼 몰려와 국가의 각종 이권을 침탈하는 외세를 비판할 수 있는 수단은 신문이 제격이라고 믿었다.

새 내각의 수장이 된 박정양은 조사 시찰단의 일원으로 일본의 새로운 문물제도를 시찰하고, 미국 특파 전권대사로 미국 사회를 돌아보았기 때문에 근대적 신문의 중요성을 누구보다 충분히 인식하고 있었다.

서재필은 미국 감리교 선교사들이 발행하는 영문 잡지 ≪코리안 리포지터리The Korean Repository≫ 1896년 3월호에 「한국이 가장 필요로 하는 일」이라는 시론을 기고했다. ≪코리안 리포지터리≫는 영국 출신 선교사 올링거가 선교 활동을 돕기 위해 펴낸 우리나라 최초의 영문 잡지로, 1892년에 창간되어 1899년에 폐간되었다. 서재필은 이 글에서 신문 발간의 동기와 목적을 처음 밝힌다.

정부는 국민의 실정을 알아야 하고 국민은 정부의 목적을 알아야한다. 정부와 국민 상호 간의 이해가 있도록 하기 위해서 쌍방에 대한 교육이 있을 뿐이다. (…) 교육 없이는 국민들이 정부의 좋은 의도를 이해하지 못할 것이고, 교육 없이는 정부 관리들이 결코 좋은 법

률을 만들지 못할 것이다.[3]

서재필이 신문을 발행하는 데에는 걸림돌이 많았다. 먼저 ≪한성신보漢城新報≫에 서재필이 새 신문 창간을 준비 중이라는 기사가 실렸다. ≪한성신보≫는 을미사건에도 관여했던 아다치 겐조와 기쿠치 겐조 등 일본인이 서울에서 발행한 신문으로, 일본 외무성과 주한 일본 공사관의 도움을 받아 1894년 말에 창간되었다. 이 신문은 일본의 조선 침략을 정당화하는 선전 기관지였다. 1906년에 마지막 호를 발행하고, 이후 ≪대동신보大東新報≫와 병합되어 통감부의 기관지인 ≪경성일보京城日報≫가 되었다.

서재필 씨는 근자에 서양으로부터 귀국했기 때문에 감개무량함을 참지 못하는 점이 많아, 여러 가지 계획을 세워야겠다고 하는 중에, 우선 제일착으로 영한문의 신문을 창간할 생각이라고, 목적은 사회개량의 지도에 두고 또한 조선의 현상을 서양 각국에 알려야 되겠다고 한다.[4]

서재필이 신문을 창간하는 일에 가장 민감하게 대응한 것은 일본 공사관이었다. 일본은 서울에서 ≪한성신보≫를 발행해 한국 내의 반일감정을 무마시키고 친일세력을 비호하면서 여론을 독점하고 있었다. 서재필에 의해 신문이 창간되면 반일적인 논지가 될 것으로 내다보면서 창간 작업을 방해했다.

갑신정변 때 동지였으며, 미국으로 망명했다가 귀국하여 총리대신 비서관을 거쳐 1895년에 학부협판의 자리에 있었던 윤치호의 일기에 일본의 방해 공작 사실이 소상하게 담겨 있다.

서재필이 만나자고 하여 오후 4시에 그를 방문했다. 그는 "일본인들이 가만두지 않으려 한다. 그들은 조선은 2개의 신문이 유지될 정도로 발전되지 못했고, 그들의 ≪한성신보≫는 계속 간행되어야 하므로 경쟁지를 만들려는 어떠한 시도도 분쇄하겠다고 말했다. 그들은 일본의 호의에 반하는 일을 하는 자는 누구든 죽이겠다는 것을 넌지시 암시했다. 언젠가 내가 조선의 몇몇 기술자들을 상대로 석유를 미국으로부터 직수입하면 가격이 싸서 소비자들에게 도움이 된다고 이야기를 한 적이 있어 그들은 나를 대단히 싫어한다. 여기에는 나 혼자이다. 미국 정부는 나를 도와주지 않을 것이다. 조선 정부나 국민은 일본인의 암살로부터 나를 보호할 능력도 의사도 없다. 나는 혼자이고 보호도 받지 못한다. 나는 아무것도 할 수 없다"라고 말했다.[5]

그럼, 일본의 치열한 방해 공작에도 서재필은 어떻게 신문을 발행할 수 있었을까? 그것은 당시 아관파천1896으로 친일 내각이 무너지고 러시아 세력이 득세하는 정세의 변화가 있었기 때문이다.

서재필은 일본의 이런 방해를 극복하면서 신문 창간을 서둘렀다. 정부는 정동에 있는 정부 소유의 건물을 신문사 사옥으로 쓸

≪독립신문≫ 창간호.

수 있게 했다. 또 신문 창간 비용으로 3,000원과 서재필 주거 구매 비로 1,400원을 지원했다. 서재필은 귀국 직후 중추원 고문으로 임명되어 10년간 월 300원의 급여를 받기로 정부와 계약을 했다. 미국에서 받던 월 100달러(원화와 동일) 수준의 급여보다 훨씬 많은 금 액이었다.

창간 당시 신문의 제호는 ≪독닙신문≫으로 썼다. 그러다가 5월 2일 자인 제12호부터는 제호가 ≪독립신문≫으로 바뀌고, '독립'과 '신문' 글자 사이에 태극기를 그려 넣었다. 이런 모습의 제호는 종 간호까지 사용되었다. 인쇄기와 신문 제작에 필요한 활자 등은 서 재필이 오사카에서 들여왔다.

≪독립신문≫은 가로 22cm, 세로 33cm 크기의 4면이었다. 3면까지는 순 한글 국문판, 4면은 영문판으로, 화·목·토 매주 3회 격일간으로 발행되었다. 1898년 7월 1일 제76호부터는 일간으로 바뀌었다. 영문판 기사와 논설은 서재필이 직접 작성하고, 뒷날 한글학자가 되는 주시경이 논설과 국문판 편집·제작을 맡았다.

서재필은 ≪독립신문≫의 사장 겸 주필을 맡아 창간사를 썼다. 창간호는 처음에 예정한 것보다 한 달쯤 늦은 1896년 4월 7일에 발행되었다. 우여곡절 끝에 우리나라 최초의 근대 민간 신문은 이렇게 창간되었다.

≪독립신문≫을 발간하는 주체가 누구인지를 둘러싸고 그동안 학계에서는 논란이 일었다. 서재필이 중심이었다는 통설에 대한 반론도 제기되었는데, 그 근거 중 하나는 이 신문이 순 한글로 창간되었다는 사실이었다.

≪독립신문≫을 연구한 채백 교수는 여러 가지 정황을 소개하면서 "≪독립신문≫의 창간 계획은 서재필보다는 당시 김홍집 내각의 내무대신으로 있던 유길준 등에 의해 주도되었다는 사실을 알 수 있다"[6]라고 주장했다.

한국언론사 연구가인 정진석 교수는 "≪독립신문≫의 창간은 서재필 한 사람의 개인적인 업적이 아니라 국내 개화파와 서재필의 합작이며, 특히 국내 개화파 중에서 갑오경장을 추진했던 온건 개화파가 서재필의 명석한 두뇌와 지식을 빌려 쓰기 위해서 창간하게 된 신문이었다고 말할 수 있다"[7]라고 했다.

《독립신문》이 우리 역사에 크게 기여한 측면 중에는 한글 전용도 포함된다. 과연 누구의 발안으로 순 한글 신문을 만들게 되었을까? 이에 대해 채백 교수는 이렇게 주장한다. "그의 성장과 교육 과정을 볼 때 그가 한글에 대해 체계적인 교육을 받을 기회는 거의 없었다고 보는 것이 타당할 것이다. 특히 윤치호는 1893년 미국을 방문했을 때 서재필을 방문했는데, 당시의 일기에서 그는 '서재필은 모국의 말이나 글을 까마득히 잊어버리고 있다'고 기록하고 있다. 이런 점으로 미루어 볼 때 서재필은 한글을 잘 몰랐다고 보는 것이 타당할 것이며 그렇다면 《독립신문》에 순 한글을 사용하기로 한 것도 그의 결정이었다고 보기는 어려울 것이다. 따라서 순 한글로 창간된 《독립신문》이 서재필에 의해 창간되었다고 보는 것은 무리가 가는 해석이다."[8]

그 밖에도 여러 가지 '납득이 가는 이론異論'이 제기되었다. 향후 더욱 치열한 논쟁과 사료資料의 발굴을 기대한다. 다만, 여기서는 《독립신문》 창간 당시의 '사장 겸 주필'이었던 서재필을 중심으로, 신문 발행과 사회 활동을 살펴본다.

첫 민간 신문 《독립신문》의 지향점

1896년 4월 7일, 우리나라 최초의 근대적인 민간 신문인 《독립신문》의 창간호가 발행되었다. 비록 4쪽짜리 얇은 신문이었으나

'독립'과 '신문' 사이에 태극기가 그려진
≪독립신문≫ 제61호(한국대중음악박물관).

그 의미와 반향은 적지 않았다. 창간호에 실린 '창간사'는 일개 신
문의 고고지성을 뛰어넘어 조선 사회에 큰 울림으로 메아리쳤다.

창간 자금은 모두 정부에서 지원했고, 사옥도 정부 건물이었고,
사장 겸 주필의 급여도 정부에서 받는 처지였기에 순수 민간 신문
으로 보기는 어렵다. 그러나 정부가 신문의 논조나 편집에 개입하
지 않았기에 ≪독립신문≫은 한국 언론사에서 첫 민간 신문으로
자리매김했다. 이런 역사적인 의미가 있기에 ≪독립신문≫의 창간
일인 4월 7일은 오늘날 '신문의 날'로 지정해 기념하고 있다.

서재필은 앞서 소개한 대로 신문을 창간하면서 제호를 ≪독닙신
문≫으로 했다가 제12호부터 ≪독립신문≫으로 바꾸었다. 한글 발

음대로 '독닙'이라고 표기했다가 더 의미가 적확한 '독립'으로 바꾼 것이 아닌가 싶다. 제호에는 서재필의 '독립정신'이 배어 있다.

> 서재필이 그의 신문의 제호를 ≪독립신문≫이라고 정한 것은 갑신정변의 고배를 마시고 10년여 망명 생활에서 돌아온 그의 절규였다고 할 수 있다. 서재필이 '독립'의 중요성을 인식한 것은 이미 오래전의 일이었다. 대원군을 나포해간 이홍장李鴻章과 원세개袁世凱에 대한 김옥균의 분노와 후쿠자와 유키치의 독립에 대한 논설들은 젊은 서재필로 하여금 사대주의와 사대사상에 반발하게끔 했었거니와 위에서 본 대로 10년이 넘는 미국에서의 생활은 더욱 독립을 지향하는 사람으로 만들어놓았다.
> 그런데 박영효로부터 조선의 상황에 대한 얘기를 듣고 귀국했던 서재필은 서울에 도착한 후에 각종의 경험을 거듭하면서 더욱더 독립의 필요성을 실감하게 될 수밖에 없었다.[9]

서재필과 개화파 인물들은 "당면한 조선의 사정을 국민에게 알리기 위하여서는 완고한 관리나 왕에게 진언하는 것보다 일반 서민에게 직접 호소하고 주지시키는 것이 효과적이며 민지계발과 자력자강을 위한 첩경이 되는 것이라고 생각하여"[10] ≪독립신문≫을 창간했다. ≪독립신문≫ 창간호는 1면에 논설, 2면에 관보와 외국 통신과 잡보를, 3면에 잡보와 선박 출발표, 광고 등을 싣고, 4면은 '더 인디펜던트The Independent'라는 제목의 영문판을 실었다.

1면에 실린 '논설'은 사실상 ≪독립신문≫의 창간사인데, 창간 목적을 민주사상의 배양, 관민계발, 자주독립에 두었다. 서재필은 이 글에서 "조선만을 위하여 불편부당하고 차별 없는 공정한 보도"를 다짐했다. 창간호 논설의 앞부분은 다음과 같다.

　　우리가 독립신문을 오늘 처음으로 출판하는데, 조선 속에 있는 내외국 인민에게 우리 주의를 미리 말씀하여 아시게 하노라.

　　우리는 첫째 편벽되지 아니한 고로 무슨 당에도 상관이 없고 상하귀천을 달리 대접 아니하고, 모두 조선 사람으로만 알고, 조선만 위하며, 공평하게 인민에게 말할 터인데, 우리가 서울 백성만 위할 게 아니라 조선 전국 인민을 위하여 무슨 일이든지 대언하여주려 함.

　　정부에서 하시는 일을 백성에게 전할 터이요, 백성의 정세를 정부에 전할 터이니, 만일 백성이 정부 일을 자세히 알고 정부에서 백성의 일을 자세히 아시면 피차에 유익한 일만 있을 터이요, 불평한 마음과 의심하는 생각이 없어질 터임.

　　우리가 이 신문을 출판하기는 이득을 얻으려는 것이 아닌 고로 값을 싸게 했고, 모두 언문으로 쓰기는 남녀 상하귀천이 모두 보게 함이요, 또 구절을 떼어 쓴 것은 알아보기 쉽게 함이라.

　　우리는 바른대로만 신문을 할 터인 고로 정부 관원이라도 잘못하는 일이 있으면 우리가 말할 터이요, 사사백성이라도 무법한 일을 하는 사람은 우리가 찾아 신문에 설명할 터임.

서재필은 이 신문이 정부에서 하는 일을 백성들에게 전하고 백성의 이야기를 정부에 전하며, 신문을 팔아서 이득을 얻기보다 누구나 볼 수 있게 값을 싸게 매긴다는 것을 앞부분에서 말한다. 그러면서 ≪독립신문≫을 발행하는 이유를 다음과 같이 말한다.

> 우리 신문이 한문은 아니 쓰고 다만 국문으로만 쓰는 것은 상하귀천이 다 보게 함이라. 또 국문을 이렇게 구절을 떼어 쓴즉 아무라도 이 신문을 보기가 쉽고 신문 속에 있는 말을 자세히 알아보게 함이다.
>
> 각국에서는 사람들이 남녀 물론하고 본국 국문을 먼저 배워 능통한 후에야 외국 글을 배우는 법인데, 조선에서는 조선 국문은 아니 배우더라도 한문만 공부하는 까닭에 국문을 잘 아는 사람이 드무니라. 조선 국문하고 한문하고 비교하여 보면 조선 국문이 한문보다 얼마나 나은 것이 무엇인고 하니, 첫째는 배우기가 쉬운 좋은 글이요, 둘째는 이 글이 조선 글이니 조선 인민들이 알아서 백사를 한문 대신 국문으로 써야 상하귀천이 모두 보고 알아보기가 쉬울 터이라.
>
> 한문만 늘 써 버릇하고 국문은 폐한 까닭에 국문만 쓴 글은 조선 인민이 도리어 잘 알아보지 못하고 한문을 잘 알아보니 그게 어찌 한심하지 아니하리오. 또 국문을 알아보기가 어려운 건 다름이 아니라 첫째는 말마디를 떼지 아니하고 그저 줄줄 내려쓰는 까닭에 글자가 위에 붙었는지 아래에 붙었는지 몰라서 몇 번 읽어본 후에야 글자가 어디에 붙었는지 비로소 알고 읽으니 국문으로 쓴 편지 한 장

을 보자면 한문으로 쓴 것보다 더디 보고 또 그나마 국문을 자주 아니 쓰는 고로 서툴러서 잘못 봄이라.

그런 고로 정부에서 내리는 명령과 국가 문적을 한문으로만 쓴즉 한문 못 하는 인민은 남의 말만 듣고 무슨 명령인 줄 알고 이편이 친히 그 글을 못 보니 그 사람은 무단히 병신이 됨이라. 한문 못 한다고 그 사람이 무식한 사람이 아니라 국문만 잘하고 다른 물정과 학문이 있으면 그 사람은 한문만 하고 다른 물정과 학문이 없는 사람보다 유식하고 높은 사람이 되는 법이라.

조선 부인네도 국문을 잘하고 각색 물정과 학문을 배워 소견이 높고 행실이 정직하면 물론 빈부귀천 간에 그 부인이 한문을 잘하고도 다른 것 모르는 귀족 남자보다 높은 사람이 되는 법이라. 우리 신문은 빈부귀천을 다름없이 이 신문을 보고 외국 물정과 내지 사정을 알게 하려는 뜻이니 남녀노소 상하귀천 간에 우리 신문을 하루걸러 몇 달간 보면 새 지각과 새 학문이 생길 걸 미리 아노라.

정부와 관료들을 날카롭게 비판

서재필은 ≪독립신문≫ 발행에 심혈을 기울였다. 그 일을 돕는 직원이 몇 사람 있었으나 모두 초보자들이었다. 서재필은 논설이며 기사 등 원고를 홀로 책임졌다. 그뿐만 아니라 인쇄술을 아는 사람이 없었기에 인쇄 기술도 가르치고, 신문을 어떻게 팔아야 하는지까지도 손수 가르쳐주어야 했다. 서재필은 잠시라도 쉴 틈이 없었다고 한다.

그때 우리나라 사람 가운데 인쇄술을 아는 이가 없었고 신문이란 '신' 자도 모르는 터이라 경영이 여간 곤란치 않았다. 채자·조판부터 가르치지 않으면 안 되었고 기자들에게도 재료 수집에 대한 모든 순서를 일일이 지도해주었을 뿐 아니라 신문 파는 사람에게는 "신문! 신문! 매 장에 한 푼씩이요!" 이렇게 여러 사람 앞에서 외치라고 내 자신이 입으로 외치면서 가르쳐주기까지 했다. (…)
신문에는 논설·광고·물가 시세·관보·외국 통신·잡보 등이었는데, 물가 시세와 관보는 두 사람의 기자가 재료를 구해왔고, 그 외에 논설이며 모든 것은 내가 혼자 원고를 썼으므로 잠시라도 쉴 틈이 없었다.[11]

이런 열악한 환경에도 서재필은 주 3회씩 꼬박꼬박 신문을 발간했다. 창간 당시 신문은 1부에 1전이었고, 발행 부수는 300부였다. 그러나 1898년 말 무렵에는 발행 부수가 3,000부까지 껑충 뛰었다. 또 서울뿐만 아니라 인천, 원산, 부산, 파주, 개성, 평양, 수원, 강화 등 전국에 8개 분국지사을 두었다. 주로 병자수호조약에서 개항지로 지정된 곳들이다.
≪독립신문≫은 1896년 4월 7일부터 1899년 12월 4일까지 3년 8개월여 동안 발행되었다. 서재필이 신문을 주관한 시기는 창간

때부터 1898년 5월에 신문을 윤치호에게 인계하고 미국으로 다시 돌아가는 때까지였다.

≪독립신문≫은 조선 말기 한국 사회에 여러 가지 영향을 끼쳤다. 한 연구자는 그 영향을 다음과 같이 정리한다.

근대사회 형성에 필요한 지식과 사상을 소개하여 국민 대중이 자신의 권리의식을 깨우치게 했다.

열강의 침략간섭정책을 비판하고 폭로하여 자주독립과 국가이익의 수호를 위해 공헌했다.

국민의 이익을 대변하고 국민의 권리를 되찾아 수호하는 데 큰 역할을 했다.

국문 전용, 국문 띄어쓰기, 쉬운 국어 쓰기를 실행하여 민족의 언어와 문자, 문화의 발전에 기여했다.

당시 지방에 성행하던 관리의 부정부패와 국민 수탈을 비판·폭로하여 이를 바로잡는 데 기여했다.

1896년 7월에 창립된 독립협회의 기관지 역할을 담당하면서 독립협회의 사상형성과 자주민권·자주자강운동에 큰 공헌을 했다.

민중에게 신문의 사회적 역할과 그 중요성을 알게 하고, 여론과 공론을 형성하여 정치·사회 활동을 전개하는 방식을 성립시켰으며, 광무 초기의 신문과 출판물의 발흥에 지대한 영향을 끼쳤다.

세계의 정세를 알려주어 국제정세 변동 속의 우리 위치를 인식하게 했으며, 세계 각국의 문물을 소개하여 한국인의 시야를 넓혀주었다.

영문판인 ≪The Independent≫를 통해, 한국인의 입장에서 한국의 사정을 세계에 알리고, 한국인의 의사와 주장을 세계 각국에 알렸다.[12]

서재필은 처음에 신문을 발행하면서 정부로부터 지원을 받았고 정부의 보호 아래에 있었기 때문에 조정과는 우호적 관계였다. 그러나 1896년 7월 2일에 서재필을 고문으로 한 독립협회가 창설되면서 ≪독립신문≫은 독립협회의 기관지 역할을 하게 되고, 정부의 실정과 대신들의 비위 등을 날카롭게 폭로·비판했다. 서재필의 일차적인 꿈은 조선의 자주독립에 있었다. ≪독립신문≫이 창간될 당시에는 이른바 아관파천으로 고종과 왕세자가 러시아 공사관에 머물고 있었다. 이 기회를 이용하여 러시아는 압록강 연안과 울릉도의 삼림벌채권을 비롯하여 경원과 종성의 채광권, 인천 월미도의 저탄소 설치권 등 갖가지 이권을 차지했다.

이를 계기로 구미 열강도 동등한 권리를 요구하여 경인·경의선 철도부설권을 비롯해 국가의 주요한 자원이 외국으로 속속 넘어갔다. 이와 같은 상황에서도 정부의 대신들과 유생들은 여전히 청나라에 대한 사대 속성을 버리려 하지 않았다. 숭고주의와 중화사상은 이미 이들의 뼛속 깊이 새겨져 있었다.

청나라와 관련한 글이지만, 사실은 조선의 식자들을 겨냥한 서재필의 논설을 읽어보자.

청국 사람들이 몇천 년을 생각하기를, 청국이 세계 중의 제일 개화한 나라요 제일 강하고 제일 부유하고 제일 큰 줄로 생각하야 몇천 년 전의 모든 법률과 풍속과 정치를 오늘날까지 숭상하다가, 영국과 싸움하여 북경을 모두 불지르고 배상을 몇천만 원을 물고 향항香港을 영국에 빼앗기고 그런 후에도 종시 구습을 고치지 않고 문명 개화한 나라 사람들을 보면 오랑캐라 하고 귀족들은 외국에 가기도 싫어하고 새 학문 배우는 사람을 천히 여기고 그저 몇천 년 된 풍속으로 나라를 다스리는 고로 나라가 점점 약하여져 백성이 도탄에 있고 국중國中에 완고당頑固黨이 점점 성하여가더니, (…) 또 작년에 일본과 다시 싸워 (…) 일본 정부에서 청국더러 배상 팔천팔백만 원을 바치고 대만을 일본으로 붙이면 싸움을 그치겠노라 한즉, 청국이 너무나 감지덕지하여 그렇게 약조하고 겨우 목숨을 도모했으니 (…)[13]

　서재필은 이 논설에서 조선 지식인들의 행태를 신랄히 비판한다. 이들을 싹 다 실어 청나라에다 버리면 조선에는 경사라고 조롱하기도 한다.

　　조선 사람들이 이 본보기를 곁에다 놓고 보면서도 꿈을 아니 깨고 세계에서 제일 천대받고 세계에서 제일 약한 청국을 본받으려 하니, 이런 조선 사람들은 관민 간에 다 원수요 나라를 망하려는 사람들이다. 이런 사람들은 하륜선河輪船에 모두 실어 청국에다 갖다 버릴 것 같으면 친구들을 많이 만날 터이요 조선에서는 큰 경사다.[14]

한글 전용의 의미

서재필은 한국에서 실행하고자 했던 개화사상(정책)을 다양하게 제시했다. 위생 문제, 여성 문제, 교육 문제, 치도治道, 공공의식, 준법정신, 언문일치 등 국정과 사회 전반에 만연한 봉건적 유제를 청산하고 근대적 개혁론을 제기하면서 서양의 선진 사상과 문물을 소개했다. 그중에서 한글 전용과 관련한 내용을 살펴보자.

> 서재필의 글들은 내용이 혁명적이었을 뿐만 아니라 그의 통신수단 자체가 혁명적이었다. 즉 국문을 사용함으로써 피통치 계급이었던 백성들, 그리고 여성들에게까지 지식과 정보를 전달하겠다는 의도는 너무나도 큰 도전이었고 혁명적 행위였다. 왜냐하면 서재필이 지적했듯이 한문 전용의 문화는 지식층이 자기들의 지위를 보존하기 위한 수단이었고, 집권계급이 백성을 '압제하기 위한 수단'이었기 때문이다.[15]

세종대왕의 숭고한 애민정신이 깃든 한글은 창제된 뒤 기득권층 유생들에 의해 언문으로 냉대받았고, 연산군 등 폭군이 지배하던 시대에는 심하게 탄압을 받아야 했다. 그래서 ≪독립신문≫의 한글 전용은 가히 혁명적이라는 평가를 받았다. "≪독립신문≫의 한글 전용은 마르틴 루터가 귀족이나 성직자들의 고급 언어인 라틴어로만 읽을 수 있었던 성서를 평민들의 저속한 언어였던 독일어로 번역한 사건에 비유될 수 있다. 실제로 ≪독립신문≫은 한자가 아무나 배울 수 없는 양반과 기득권층의 독점물이며, 새로운 사회는 '상하귀천' '남녀노소' '빈부귀천'을 불문하고 모든 국민이 쉽게 소통할 수 있는 하나의 언어를 사용해야 한다는 굳은 마음에서 출발했다."[16]

서재필은 소위 배운 사람들이 자기의 유식을 드러내기 위해 한자를 사용하고, 이들은 또 한글이 대중화되면 자신들의 특권이 위협받을까 두려워한다고 했다.

지금 소위 공부했다는 사람은 국문을 숭상하기를 좋아 아니할 것이 한문을 공부했은즉 그 배운 것을 가지고 남보다 유식한 채 할라니까 만일 국문으로 책과 문적을 만들어 전국 인민이 다 학문 있게 되거드면 자기의 유식한 표가 드러나지 아니할까 두려워하고.[17]

앞서 살펴본 ≪독립신문≫ 창간호 논설의 내용에 잘 나타나 있듯이 서재필의 한글 전용에 대한 의지는 확고했다.

서재필은 국제 정세도 예리한 관찰력으로 분석해 전달했다. 1896년 5월에 러시아 공사 베베르와 일본 공사 고무라 주타로小村壽太郎가 조선과 관련해 각서베베르-고무라 각서를 체결했다. 그리고 이를 바탕으로 6월에 조선 문제에 공동으로 간섭한다는 내용을 담은 '로바노프-야마가타 의정서'를 체결했다. 조선의 국토분할과 조선을 양국이 갈라서 보호한다는 비밀조약이었다. 서재필은 ≪독립신문≫에 이런 내용을 폭로했다.

서재필이 ≪독립신문≫에서 가장 관심을 갖고 여러 차례 논설을 쓴 것은 국민의 계몽과 민권의식이었다. 열강들의 침략 행위를 규탄하고 이를 국민에게 널리 알림으로써 국민 스스로가 자각하고, 서구 나라들처럼 국민의 선택에 의해 집권자가 결정되는 민주공화주의를 배양코자 했다. "우리가 바라건대 정부에 계신 이들은 몸조심도 하고, 나라가 잘되기를 바라거든 관찰사와 군수들을 자기들이 천거 말고 각 지방 인민으로 하여금 그 지방에서 뽑게 하면 국민 간에 유익한 일이 있는 것을 불과 1, 2년 동안이면 가히 알리라"[18]라고 주장하며 지방 행정 수반의 직선제 도입을 제창했다.

조선을 자주 방문했던 영국 왕립지질학회 이사벨 버드 비숍은 자신의 여행기에 ≪독립신문≫과 관련한 내용을 썼다. 신문이 사회에 경종을 울리고, 부정한 관리들을 놀라게 했다고 한다. 또 서재필을 조국을 번영시키고자 애쓰는 한국인 신사라고 평가했다.

관련 신문이 나와 사회의 진상을 가리킴 받자 국민들은 미몽에서 벗어나 관리의 악정과 재판의 부당함에 엄정한 비판을 해서 여론을 일으킬 수 있게 되었다. 신문이 나오자 뒤 컴컴한 부정을 태양 앞에 내세워 사회에 경종을 울리는 동시에 한편으로는 합리적인 교육과 정당한 개혁을 장려하며, 인지의 개발에 큰 도움을 주었다. 이에 부정한 관리와 불량한 관원들은 모두 혀를 내두르면서 놀라며 두려워했다.

발행자 제이슨(서재필) 박사는 미국에서 교육받은 한국인 신사로 진심·성의로 그의 조국을 번영시키고자 애쓰고 있다. 신문배달원들이 이 국문 신문을 한 아름씩 옆에 끼고 거리를 지나가는 광경과 상점마다 그 신문을 읽고 있는 여러 사람들의 모습은 실로 1896년 이래의 새로운 현상이었다.[19]

문명개화를 추구하는 논설

서재필이 신문사를 윤치호에게 인계하기 전까지 ≪독립신문≫의 사장 겸 주필을 맡은 2년여의 기간이 ≪독립신문≫의 전성기라 할 수 있다. 이 기간에 신문은 326호까지 발행되었는데 서재필이 쓴 논설과 기사는 모두 451편이나 되었다.

서재필은 오로지 한 가지만 생각했다. 조국의 문명개화文明開化였다. 미국에서 10여 년을 살다 온 그에게 비친 조국의 모습은 여전히 비참했다. 갑신정변을 시도할 때와 하나도 달라지지 않았다. 국왕을 비롯해 위정자들의 고루한 인식과 사대주의 근성은 여전하고, 이 틈을 노려 달려드는 열강들의 이권 침탈 야욕은 날이 갈수록 심해졌다.

서재필이 신문을 창간하고 밤을 지새워 논설을 쓴 이유는 이 때문이었다. 그가 쓴 글들 중 몇 편을 읽어보자.

먼저, 「개화의 의미」라는 글에서 '개화'라는 말이 지닌 의미를 친절하게 설명한 뒤 개화를 하면 백성들에게 어떤 이로움이 있고 우리나라는 왜 잘되는지를 이야기한다.

개화의 의미

개화開化라고 하는 말이 근일에 매우 번성하여 사람마다 이 말을 옮기되 우리 보기에는 개화란 것의 뜻들을 자세히 모르는 모양인 고로, 오늘날 우리가 그 의미를 조금 기록하노라.

개화란 말은 당초 청국에서 지어낸 말인데, 개화란 말은 아무것도 모르는 소견이 열려 이치를 가지고 일을 생각하며 실상대로 만사를 행하자는 뜻이라. 실상을 가지고 일을 하거드면, 헛되고 실상 없는 외식은 아니 행하고 참된 것만 가지고 공평하고 정직하게 생각도 하고 행신도 그렇게 하는 것이라.

만사를 공평정직하게 행한 다음에야 그늘진 일이 없을 터이요, 그늘진 일이 없은즉 나 하는 일을 남이 알아도 부끄러울 것이 없을 터인즉, 문을 열어놓고 일을 해도 방해로운 일이 없는 법이라. 그늘진 데서 하는 일은 매양 남이 알까 두려워하는 일이니, 남이 아는 것을 두려워하는 것은 다름이 아니라 그 일이 공평정직하지 않은 까닭이라.

그런고로 나라 일을 의론한다든지 상회 일을 의론하더라도 문을 열어놓고 만만이 보는 데서 일을 행하여야 그 일이 정당케 되는 일이요 남이 보아도 부끄러울 게 없는 일이라. 나라 일을 할 때 다만 비밀히 할 일은 싸움할 때에 용병하는 계책을 비밀리에 해야 하는 법이요, 혹 외국과 교제할 때에 비밀한 약조를 하거드면 그런 것은 비밀리에 해야 하거니와, 그 외 일은 드러내어놓고 해야 백성의 의심이 없는 법이요, 또 백성들이 정부에서 무슨 일을 하는 줄을 알아야 가부간에 말도 하고 나라 일에 전국 백성이 힘도 쓸 터이라.

당초에 백성이 정부와 상관이 없으면 재미가 날 묘리도 없고 정부와 백성이 각각이 되어 흥망 간에 남의 일 보듯이 할 터인즉, 그렇고야 어찌 나라가 강하며 국민이 공화하여 서로 돕고 서로 사랑할 마음이 생기리요. 그런고로 조선 사람들이 지금 힘쓸 것은 무슨 일이든지 공사 간에 문을 열어놓고 마음을 열어놓고 서로 의론하여 만사를 작정하고, 컴컴한 것과 그늘진 것은 없애버리고 실상과 이치와 도리를 가지고 햇빛이 있는 데서 말도 하고 일도 하는 것이 나라가 중흥하는 근본인 줄로 우리는 생각하노라.

개화한단 말은 다른 뜻이 아니라 학문이 없는 사람들은 생각이 막되어 남을 해할 생각만 있고 중생을 위하여 무슨 사업이든지 할 경영이 적은 고로, 생각이 멀리 미치지 못하고 다만 당장의 조그마한 이익만 생각하고 옳지 않은 일을 행하다가 자기가 놓은 덫에 치는 일이 많이 있으니, 이런 일이야 증거가 하나둘이 아닌 고로 길게 말을 아니하여도 대강 짐작할 듯하더라. 사람이 개화해 놓거드면 첫째 인정이 있으니 사람을 음해할 경영이 없을 터이요, 내가 권이 있다고 악형으로 남을 해할 리가 없고 내 욕심으로 남의 물건을 억탈할 리도 없고 아랫사람과 약한 사람들을 사랑하고 도와줄 생각이 있는지라.

이런 사람이 관인이 되거드면 그 아래 관원들과 백성들이 상벌을 분명히 받을 터이요, 이런 사람들은 백성을 위해 일을 할 때에 문을 열어놓고 남이 듣는 데서 일을 행할 터이요, 소록질(小錄 - : 작은 쪽지로 의사를 전달함)과 공송군(公訟 - : 사람을 천거하는 사람)과 밤에 오는 손님들과 골방에서 귀엣말로 무슨 일을 행할 리는 없을 터이니, 조선이 잘되려면 볕빛을 좋아하는 사람이 많이 있어야 나라가 잘될 터이요, 음밀애밀(陰密曖密: 드러내지 않고 몰래 행함)하는 것이 없어질수록 나라가 강하여질 터이요 백성이 원통한 일이 없을 터이라.

이것이 개화이니 개화를 하거드면 나라가 잘될 것은 다시 말을 아니 하여도 가히 알 터이요, 문구와 외식은 스스로 없어질 터인즉 사람들이 실상實相 일들을 생각할 터이요, 공것과 헛된 것은 그늘 속으로 들어갈 터이요, 나라에 영광과 풍속과 생각하는 법과 행실은 햇빛과 같이 빛날 터이라. 우리는 바라건대 조선에 유지각한 이는 이 개화의 뜻을 알아 생각하고 일도 하여, 다른 사람들이 다 개화란 것은 나라에 참 좋은 것인 줄로 알게 하면 옳은 사람은 모두 개화를 말라고 하여도 자연히 개화들이 될 터이니라.[20]

「충신과 법률 존중」이라는 글에서는 법을 지키는 이가 충신이요 법을 따르지 않는 이가 역적이라고 하며, 법을 존중해야 한다고 강조한다. 곧 충신은 자기 몸도 보전하고 나라를 살리는 길인 반면 역적은 자기 몸도 망하고 나라도 망하는 길이라며, 어떤 길을 선택해야 하는지 모범답안을 제시해준다.

충신과 법률 존중

조선 인민들이 충신과 역적이라 하는 것을 분명히 모르는 고로 오늘 우리가 간단히 무엇이 역적이며 무엇이 충신인 줄을 말하노라.

그 나라 법률을 지키는 것이 충신이요 법률을 지키지 아니하는 것이 역적이라. 정부가 법률을 만들고 대군주 폐하께 재가를 물은 후에는 상하귀천을 무론하고 그 법률을 순종하는 것이 곧 자기 몸을 보호하는 것이요 임금과 정부를 사랑하는 것이라. 만일 정부가 만든 법률이 인민의 생각에 마땅치 아니하면 자기 소견을 신문지에 기록하든지 다른 인민에게 연설하는 것은 가하거니와, 난류(亂類: 불법을 저지르는 무리)가 되어 정부를 해하든지 정부가 보낸 관장을 욕하고 죽이는 것은 역적의 하는 일이라.

이런 죄를 한번 짓거드면 앙화殃禍와 벌이 다만 자기 몸에 미칠 뿐만 아니라 부모 형제 처자가 다 화를 입을 터이니, 이것을 생각하면 범법한 후에는 이익이 없다는 것을 깨달을 것이라, 첫째는 나라를 어지럽게 하여 농민과 상인이 직업을 힘쓸 수 없고, 둘째는 정부가 군사를 보내는 데 부비浮費가 대단하니 정부에 손해요, 셋째는 조선 사람끼리 싸움을 하여 서로 죽이는 것이니 관민 간에 누가 죽든지 조선 사람이 죽기는 마찬가지라, 오른손이 왼손을 베는 것과 같음이니 왼손이 오른손을 베든지 오른손이 왼손을 베든지 필경 그 해는 전신이 모두 받는 것이니, 이것을 생각하면 좌우 수족이 서로 도와주는 것은 다만 수족에 유익할 뿐만 아니라 전신이 충실해지며 강해질 터이라. 또 만일 몸이 강하면 남이 그 사람을 감히 건드리지 못할 것이라.

　나라 형세도 사람의 몸과 같은즉, 정부와 인민이 서로 도우면 그 나라가 강하여질 터이니, 나라가 강한즉 외국이 침범치 못할 터이라. 그런즉 나라 법률과 명령을 순종하여 난을 없게 하는 것이 곧 그 자가 자기 몸을 보호하는 것이라. 그러나 만일 정부가 무리한 법률을 만들든지 인민을 사랑치 않는 관인이 있으면, 세계의 이치를 그것을 좇아 설명하면 정부도 순한 인민의 말을 더욱 두렵게 여길 터이라. 편하고 순한 길을 버리고 난을 일으킨다든지 정부를 협박하는 것은 일도 아니 되고 자기 몸도 망하고 나라도 망하게 하는 행실이라.

　충신이 되려면 나라 법률과 명령부터 순종함이 상책이요, 정부에서 옳지 않게 하는 일은 이치를 좇아 정부에 간하면 일도 될 것이요 몸도 보전할 것이요 나라도 흥할 것이라. 충신이 된다고 임금께 아첨하여 임금의 성의를 어둡게 하고, 법을 범하는 일을 가만히 행하는 자는 다만 자기 몸에 앙화를 장만할 뿐만 아니라 동포 형제에게 해를 미치게 하는 것이니, 그런 사람은 반드시 역적이라 할 만한 사람이니라.[21]

「조선병—남에게 의지하여 살려는 마음」은 조선 사람이 다른 나라 사람보다 못하지 않은데 조선은 왜 세계에서 제일 약하고 가난한지 그 이유를 낱낱이 설명한다. 특히 놀면서 남에게 의지해 살려는 사람이 많음을 한탄한다.

조선병―남에게 의지하여 살려는 마음

조선 사람들은 세계에서 남만 못하지 않은 인종이건만 지금은 세계에서 제일 잔약하고 제일 가난한 나라라. 가난할 수밖에 없는 것은 정부 관인들이 백성 중에 혹 돈이 있는 사람이 있으면 어떻게든 그 사람을 몰아 필경 그 사람이 재산을 다 잃고 각금 재물로 인연하여 패가망신하는 사람이 많으며, 부자 사람이 가난한 사람만큼 편히 살지 못하는 사람이 많은지라.

그러한즉 재물 모으고 싶은 생각이 적기도 하거니와 모을 수가 없는 것이 뜯기는 까닭에 견딜 수가 없는데, 뜯기기를 첫째 무세無勢한 사람은 세 있는 사람에게 뜯기고 세 있는 사람은 일가에게 뜯기는데, 공연히 남의 집에 와서 할 일이 없이 먹고 있는 사람들이 많은 까닭이라. 그러한즉 뜯기는 길이 셋이라. 권력 있는 사람에게 억지로 뜯기고 친척이라고 무단히 빼앗아가며 집 사람이라고 무단히 먹고 놀고 있으니, 세 가지가 다르기는 하나 경계 없기는 셋이 다 마찬가지라.

이렇게 얻어먹기가 쉬우니 세상에 노는 사람이 많고, 세상에 노는 사람이 많은즉 생각하는 구석이 적은지라. 나라는 자연히 가난해질 것이나, 나라가 가난한 것보다 더 큰 해가 여기에 있는 까닭은 사람들이 모두 남에게 의지할 생각밖에는 없는지라. 먹고 사는 것을 다른 사람에게 의지하고 있은즉 그 사람이 어찌 자주독립할 마음이 있으리요, 남이 욕을 한다든지 천히 여긴다든지 경계없이 여긴다든지 해도 조금치 부끄러운 마음이 없고 언제든지 어떻게 하든지 밥술이

나 얻어먹으면 만족히 여기는 인생이 많은즉 그 사람들이 어느 여가에 임금과 전국 동포와 형제를 외국 사람들이 동등으로 생각하지 않는 것을 분히 여기는 생각이 있으리요, 그러하기에 나라가 자주독립이 되려면, 그 나라 백성들이 사는 것을 자주독립하는 뜻으로 살아서 의식衣食을 자기 손으로 벌어먹게 되고, 사람마다 제힘과 제 재주와 제 밑천을 가지고 의식을 벌어먹고 살게 될 지경이면 그 사람이 자연히 자주독립할 마음이 날지라.

사람마다 인심 좋은 체하며 놀고 있는 사람을 먹여 살려주게 되면, 얼른 생각하면 그게 매우 후한 듯한 일이어서 그러하되 다시 생각하면 그 사람을 아주 잡는 것이라. 그 사람이 자연히 생각하기를, 아무 노릇을 안 하더라도 우리 형님이라든지 아우라든지 사촌이라든지 친구라든지 그 사람들이 나를 언제든지 먹여 살려줄 것이요, 또 정 먹여 살리기가 어려우면 벼슬을 구해줄지라, 그 의지하는 마음 까닭에 나라에 큰 해가 많이 생기는데, 첫째 사람이 자주독립하고 싶은 마음을 잃어버리고, 둘째 놀고먹는 사람이 많이 생기게 하니 나라를 가난하게 하는 것이요, 셋째 이런 사람들은 아무 데도 쓸데가 없은즉 만만한 정부에다 몰아넣는 병폐가 생기고, 정부에 몰아넣으려고 할 때 협잡과 청탁과 수군거림과 각색 병이 모두 생기고 또 혹 나라에 변란도 나게 하는 것이 이 권리를 탐하는 까닭이라. 그러한즉 도무지 병의 근본인즉 조선에 놀면서 공히 남에게 의지하여 살려는 사람이 많은 까닭이라.[22]

의병을 반란군이라 인식하는 한계 드러내

서재필이 《독립신문》을 창간할 무렵은 전국 각지에서 의병이 일어나 싸울 때였다. 위정자들이 무능해서 나라가 바람 앞의 등불 같은 위기에 처했을 때 나라를 위해 민중이 스스로 일어나 외적과 싸우는 의병운동은 조선 말기에도 변함없이 병든 나라를 일깨워주었다.

1895년에 벌어진 명성황후 살해 사건과 단발령을 계기로 의병 전쟁이 시작되었다. 학계에서는 이를 제1기 의병 전쟁이라 부른다. 이때에는 제천의 유인석 부대와 춘천의 이소응 부대, 서산의 허위 부대를 비롯하여 이인영, 이강년, 이춘영 등 주로 유학자들이 중심이 되어 의병을 일으켰다.

그러나 서재필은 서구화를 개화 문명으로 생각하면서, 단발령 등 정부의 개혁정책에 반기를 든 의병을 일종의 반란군이나 평화를 위협하는 세력 정도로 인식했다. 이는 서재필의 한계였다. 서재필은 논설을 통해 의병을 다음과 같이 비판한다(내용 발췌).

이 나라의 많은 백성들은 평화로운 사람들이며, 그들의 일상적인 일을 아무런 방해를 받지 않으면서 수행하는 것을 가장 좋아하지만 '의병'들에 대한 두려움 때문에 그렇게 할 수 없다고 생각하는 것이 합당할 것이다. 이 나라의 이렇듯 커다란 평화적인 요인을 활용하고 또 민병대 제도를 운영하여 각 지역을 스스로 약탈자들에게 대항하는 자위의 발판으로 하는 것이 가능하지 않을까?

지방의 부호들에게 주로 재물을 강요하는 일종의 반란군인 이들을 가장 무서워하는 사람들은 지방의 부호들임은 말할 나위가 없다. 정부가 무장이 잘 된 토벌대를 지방에 파견하고, 현지의 농민들을 임시로 편성한 민병대로 조직하여, 2, 3명의 유능한 장교들을 중책에 임명한 뒤, 가능한 한 무기와 탄약을 많이 공급할 수는 없을까?

이것은 두 가지 목적을 위해 필요하다. 첫째, 단호한 태도로 정부가 지방의 백성들에게 정부의 성의를 과시하는 것이 되며, 둘째, '의병'들에게 사형 집행을 뜻하는 것이 된다.[23]

안동관찰사 이남규 씨가 이달 스무나흗날 군부에 보고를 했는데, 참 의병은 대군주 폐하께서 선유하옵신 칙교를 보고 안돈하거니와 거짓 의병은 지금 많이 모여 행패가 무수한데 비도 괴수 서상렬이가 여덟 골 비도를 모집한 것이 삼천여 명이라. 본골에 응거하여 야료할 제 그때 도망하던 순검들이 여염집에 들어가 무례한 행실을 하니 부인들이 자기 젖통과 손을 베고 죽은 이가 무수한지라. 서가가 삼천여 명 비도를 함창 태봉에 가서 일본 병정으로 싸울 때 비도들이 사면으로 흩어져 서가가 크게 패하여 예천과 풍기로 들어가 노략하고 도망했던 순검 수십 인이 일본 병정과 함께 본골에 불을 놓아 수천 호가 타서 나라 재물과 사사 재물이 다 타고 관부는 다행히 면했다더라.[24]

이달 초생에 강릉부 침범한 비도 장투 유인석이가 세궁역진하여 할 수가 없으니까 도지 후관 김재은 씨에게 편지를 보내되 철병을 하여 주면 백의로 서울 올라가서 그른 일을 아니하는 줄로 발명하겠노라고 했거늘, 김재은 씨가 그 편지를 군부에 보내었더니, 군부에서 지휘하기를 급히 쳐서 잃지 말라고 했더라.[25]

국중에 비도가 생긴 지가 칠팔 삭이 되었으되 오늘날까지 정돈이 아니 되고 언제나 정돈이 될 기한도 없고 또 쳐서 평정할 방책도 없는 모양이니, 이렇게 더 끌어가고야 경향이 통로가 못 되고 공납들이 올라오지를 못한즉 탁지 사정이 어렵게 되고 경군을 각 지방에 파송하니 점점 군비만 커지고 또 비도와 싸운즉 누가 죽든지 죽고 상하는 사람이 많이 있는지라 좌우간에 죽는 사람은 다 조선 사람이니 그 역시 국가에 손이요 또 잔민들이 비도에게 가산을 잃어버리고 혹 못된 경군에게도 가개고 부대끼는 자 많이 있는지라 어찌 불쌍치 않으리요.[26]

≪독립신문≫에 대한 엇갈린 평가

학계나 언론계에서는 ≪독립신문≫의 개화 문명 사상과 한글 전용이 우리 사회에 크게 기여했다고 평가한다. 그러나 비판도 없지 않다. ≪독립신문≫을 특히 격렬하게 비판한 사람은 려증동 경

상대학교 교수이다. 『부왜역적 기관지 독립신문 연구』라는 책에서
≪독립신문≫에 실린 의병에 대한 비판적 기사와 논설 내용을 일
일이 분석했다. 그중에서 서재필이 ≪독립신문≫의 사장 겸 주필
로 재임한 기간에 대해 비판한 내용은 다음과 같다.

> ① 이 신문은 한국과 한국 사람을 업신여기면서 토왜의병을 원수
> 시 하고는 "한국은 일본 속국이 되는 것이 좋다"라는 쪽으로 온
> 갖 정력을 쏟고 있는 신문이었습니다.
> ② 청국과 청국 사람을 야만시 하면서 "한국은 철저하게 청국을
> 배척하여야 된다"라는 쪽으로 온갖 정력을 쏟고 있는 신문이
> 었습니다.
> ③ 일본과 일본 사람이 신의가 있다고 하면서, 청일전쟁에서 일본
> 이 이겼기 때문에 일본 덕택으로 한국이 독립되었으니까 한국
> 사람으로서는 일본에 대하여 감사한 마음을 가져야 한다고 하
> 고는 "한국은 일본 속국 되는 것이 좋다"라는 쪽으로 온갖 정력
> 을 쏟고 있는 신문이었습니다.
> 이 신문을 한국 사람과 중국 사람들이 읽으면 분격하게 되고 일본
> 사람들이 읽으면 통쾌하게 됩니다. 여기에서 이 신문이 '왜로앞잡이
> 신문'이었다라든지 또는 '일본간첩신문'이었다라는 결판이 나는 것
> 입니다.[27]

이런 분석과 달리 한국근현대사 연구가인 신용하 서울대학교 명

예교수는 ≪독립신문≫이 "계몽적 역할을 수행했고 자주독립과 국가 이익의 수호를 위하여 노력했으며 국민의 이익을 대변하고 국민의 권리를 되찾아 수호하는 데 크게 기여했다"라며 긍정적으로 분석했다.

독립신문은 '인민의 개명진보開明進步'를 위하여 지대한 계몽적 역할을 수행했고 자주독립과 국가 이익의 수호를 위하여 노력했으며 국민의 이익을 대변하고 국민의 권리를 되찾아 수호하는 데 크게 기여했다.

한글 전용을 단행하여 민족 언어와 문자 발전에 큰 공헌을 했으며 당시 만연되어 있던 관리들의 부정부패와 국민 수탈이 곳곳에서 자행되고 있음을 고발했다.

독립신문은 우리나라 최초의 민간 신문으로 창간되어 한국 민중에게 신문의 사회적 역할과 그 중요성을 알게 하고 여론과 공론을 형성하여 사회·정치 활동을 전개하는 방식을 성립시켰으며 민간 신문과 출판물의 발흥을 촉진했다.

독립신문은 한국인들에게 세계 사정을 알게 하고 국제 정세의 변동 속에서 자기의 위치를 인식하게 했으며 세계 각국의 문물을 소개하여 한국인의 시야를 넓히는 데 크게 기여했다.

독립신문과 영문판 ≪The Independent≫는 당시의 한국 사정을 한국인의 입장에서 세계에 알리고 한국인의 의사와 주장을 세계 각국 사람들에게 알리는 역할을 수행했다.

이 밖에도 독립신문은 독립협회와 만민공동회 활동을 지원했다.[28]

언론인 송건호는 ≪독립신문≫이 알려질수록 일반 민중과 청년 학생들은 환영했으나 지배층은 환영하지 않는 것은 너무나 당연한 일이라고 평가한다.

> ≪독립신문≫이 퍼질수록 지금까지 국가니 국민의 권리, 의무, 개인의 기본권리조차 모르고 유린당했던 일반 민중과 근대사상에 눈 뜨기 시작한 청년과 학생들은 이를 환영하여 애독했지만, 탐욕과 부패가 고질화된 정부 상하의 양반 지배층은 이를 기피하고 중상할지언정 환영하지 않을 것은 자명한 일이었다.
> 따라서 그 어느 나라에서도 초창기의 신문이 수지맞기는 처음부터 힘든 일인 데다 ≪독립신문≫에 대한 권력층의 시기와 압력이 갈수록 가중되어 경영 면에서 애로는 이만저만이 아니었다. 이에 외국인 헐버트가 신문 경영에 조력도 해주고 인쇄 직공을 두 사람이나 빌려주었다. 그러나 서재필 자신은 이 신문 발간으로 매달 인건비 등을 합쳐 평균 150원 내지 180원에 달하는 신문사의 결손을 그의 사재로 보충할 수밖에 없었다.[29]

언론학자 최준은 "≪독립신문≫은 순 한글을 사용함으로써 민중의 자아와 주체성을 계발해냈으며 불편부당한 비판주의로 언론의 정도를 보여주었는가 하면 보수세력과 대결하여 자유와 민권 그리고 자주독립사상을 고취했던 한편 계급타파와 부정부패를 폭로하고 척결하는 데 큰 기여를 했던 것"[30]이라며 비판주의 언론의 정도를 보여주었다고 평가했다. 이택휘 서울대학교 교수도 ≪독립신문≫이 국내외에 미친 영향력은 컸을 것이라며 다음과 같이 긍정적으로 평가했다.

≪독립신문≫은 국민계몽과 국정개혁 그리고 사회개량에 지대한 역할을 했다. 우선 독립신문은 그것이 발간되자 국내외적으로 많은 관심을 모았는데, 후일 서재필이 회고했듯이 미·영·러·중국에도 상당한 부수가 발송되었으며 처음에는 3백 부 정도밖에 발행하지 못했던 것이 나중에는 3천 부까지 발행하게 되었다. 이는 격동 시기의 대중의 정보에 대한 수요와 지적 욕구를 고려해볼 때 그리고 마땅한 읽을거리가 없었던 당시에 이웃에서 이웃으로 돌려가면서 읽었을 것을 추측해본다면 그 국내외적 영향력은 상당했을 것으로 짐작되고도 남음이 있다.[31]

6. 독립협회와 만민공동회 창설하다

최초의 민간 사회정치단체, 독립협회

서재필은 1895년 말에 귀국해 국내에 머물면서 약 2년 반 동안 활발히 활동했다. 이 시기에 그는 ≪독립신문≫ 발행과 함께 또 한 가지 특기할 만한 업적을 남긴다. 독립협회 창설이다. 서재필은 우리나라에서 '최초'라는 수식어를 몇 가지 갖고 있다. 최초의 민간 신문을 발행하고, 최초의 민간 사회정치단체인 독립협회를 창설하고, 또 최초로 서울 시내에서 시민들을 상대로 공개 강연을 했다. 또한 독립협회가 개최한 만민공동회는 우리나라 최초의 근대적 민중대회 또는 정치 집회로 일컬어진다.

국가에 대한 반역죄로 몰려 일가족이 몰살당하고, 머나먼 미국 땅에서 '양의'가 되어 돌아온 서재필은 사람들의 관심과 흥미를 불러일으키는 인물이었다. 그래서 1896년 초 서울에서 공개 강연을 하는 강연장에는 많은 인파가 몰려들었다. 곧이어 ≪독립신문≫이 발행되면서 그의 인기는 서울 장안에서 화재였다.

귀국하자마자 공개 강연을 하고, 신문을 발행한 데 이어 서재필은 1896년 5월 21일부터 배재학당에서 학생들을 대상으로 강의를 했다. 배재학당은 1885년에 미국 감리교 선교사 아펜젤러가 세운 한국 최초의 현대식 중고등 교육기관이다. 이때 배재학당에는 훗날 우리나라 역사의 거물이 되는 이승만, 김규식, 신흥우 등이 다니고 있었다.

서재필은 배재학당에서 세계 지리, 역사, 정치학 등을 가르쳤다. 자신이 직접 보고 겪었던 미국의 민주주의와 의회, 신문, 인권 등 여러 분야를 폭넓게 강의했다. 또한 학생들에게 회의와 토론을 민주적인 방식으로 진행하는 법 등을 가르치고, 학생들에게 실제 토론을 시켰다. 당시 조선 사회에서는 모두 금기어에 속하는 용어이고 내용이었다.

서재필은 학생들을 두 조組 또는 두 팀으로 나누어서 선정된 문제에 대해서 갑조는 찬성하는 연설을 하게 하고, 또 다른 팀 을조는 그것에 대해서 반대하도록 한 것인데 이것은 자기가 미국 고등학교 시절에 경험했던 것을 이식한 것이었다.

토론의 주제는 2주일 전에 결정되고 협성회가 발간한 회보에 1주일 전에 게재하여 회원 모두가 자기 나름대로의 준비를 하여 토론이

보다 활기 있게 했다. 물론 학생들은 참신한 행사에 흥미를 느낄 뿐 아니라 열성적으로 토론에 참가했는데, 협성회라는 조직하에서 행해진 토론회는 한국 땅에서 처음으로 조직된 의회를 방불케 하는 모임이었다.[1]

서재필은 귀국한 뒤로 눈코 뜰 새 없이 바쁜 나날을 보냈다. 그의 행보는 거침없었다. 1896년 11월 30일, 그는 학생들을 중심으로 '협성회協成會'라는 토론 클럽을 조직했다. 처음에 13명이었던 회원은 2년 만에 300여 명으로 늘었고, 일반인들도 참여했다. 초기에는 비정치적인 분야의 문제를 주제로 토론했다. 예컨대 한글과 한자 혼용 문제, 한복과 서구식 양복 중 어느 것을 입어야 하는지를 둘러싼 배재학당의 복장 문제, 여성 교육 문제 등을 다루었다. 이는 여전히 조선 사회의 지배층인 수구 세력에게서 '불온' 클럽으로 낙인찍히지 않기 위해서였다.

협성회 회원이 300여 명에 이르자 서재필은 조직을 조금 더 확대하고자 했다. 그래서 1896년 7월 2일에 우리나라 최초의 민간 사회정치단체가 창립되었다. 그 단체가 독립협회이다.

독립협회는 '독립협회 규칙'을 제정하고 임원을 선출했다. 회장에 안경수, 위원장에 이완용, 위원에 김가진, 김종한, 민상호, 이채연, 권재형, 현흥택, 이상재, 이근호 등, 감사원에 송현빈, 남궁석, 오세창 등 10명이 선임되었다. 서재필은 국적이 미국이어서 간부나 회원이 되지 않고 고문으로 추대되었다.

중국 사신을 영접하기 위해 지어진 영빈관을 서재필이 자주·민권·자강 사상을 고취하는 독립운동의 기지로 바꾸어 사용했던 독립관의 현재 모습.

독립협회는 서재필이 제안한 독립문과 독립관, 독립공원의 건립을 첫 사업으로 확정하고, 각계의 지원과 회원 가입을 호소하는 「독립협회 윤고獨立協會 輪告」를 채택했다.

독립협회는 몇 갈래 세력이 연대해 조직되었다. 온건 개화파인 건양협회 세력, 주로 외교계 관료들로 구성된 정동구락부 세력, 이 두 세력에 가담하지 않고 개별적으로 독립개화정책을 지지하던 독립파 관료 세력 등이다. "독립협회는 이상의 3개의 흐름의 세력을 모아서 창립된 것으로 보여진다. 그러나 위의 세 흐름의 세력과 독립협회와의 관계는 창립 당시의 발족 위원들에 한정된 것이지 그 이후의 독립협회 조직의 발전과는 별개의 것임을 주의해둘 필요가 있다."[2]

독립협회는 일차적으로 독립문과 독립공원, 독립관의 건립 등 창립 사업에 주력했다. 그러나 독립협회의 목표는 국민계몽과 민력조성, 민력단합을 통해 자주국권을 수호하고 근대적인 국민 국가를 수립하는 데 있었다. 이를 위해 민주주의 사상, 자강개혁에 의한 문명국가를 세우고자 하는 근대화 운동을 추진했다.

독립협회를 주도한 주요 회원들의 사상적 계보와 인적 계보를 보면 독립협회의 조직이 연합운동이었음을 알 수 있다. 이 중에서도 가장 뚜렷한 두 개의 흐름은 ① 서구시민사상을 도입하여 그 영향을 크게 받은 세력이고, ② 다른 하나는 개신유학적 전통을 배경으로 동도서기파에서 한 단계 더 발전한 국내 사상의 성장의 흐름이다. 이 밖에 위정척사파와 동학과 기독교의 영향도 있으며, 인적 계보로 볼 때에는 신지식층 이외에 시민층·농민층·노동자층 및 해방된 천인층 등이 직접 대표위원으로 선출되어 주도회원이 되기도 하고, 이동휘 등 개화파 무관이 중요한 역할을 하기도 했다. 그러나 주도회원의 주류를 이루고 있는 것은 당시에 새로이 성장하고 있던 신지식층이며 박은식이 지적한 바와 같이 독립협회는 '유식한 신사의 조직'이었다.[3]

독립협회는 한때 회원 수가 2,000명을 돌파했으며, 여러 지역에 지회를 설치할 만큼 세력이 확대되었다. 주요 활동으로는 애국계몽운동, 국권수호운동, 국토수호운동, 국가이권수호운동, 인권신장운동, 개화내각수립운동, 국민참정권운동, 정치개혁운동 등을 꼽을 수 있다. 독립협회는 개화 시기의 대표적인 시민사회단체로서 민주공화주의 사상을 처음으로 제기했다.

영은문 터에 세운 독립문

독립협회가 창립되어 자주독립 정신이 강화되고 있을 때인 1897년 2월 20일에 고종이 '아관파천'을 끝내고 환궁했다. 같은 해 10월 12일에는 백성들의 상소에 따르는 형식으로 새로 지은 환구단에 나아가 이른바 '광무개혁'을 단행했다. 고종은 조선이 청나라의 제후국과 같은 위치에서 벗어나 자주독립국임을 내외에 선포하면서, 국호를 대한제국이라 부르고, 청나라의 연호를 버리고 독자적으로 '광무'라는 연호를 사용하고, 임금의 칭호도 황제로 격상하는 건원칭제의 칙령을 발표했다.

광무개혁은 황제권과 자위군대를 강화하는 데 역점을 두었다. 그러나 그동안 서재필과 독립협회에서 줄기차게 주창해온 국가 개혁에는 크게 미치지 못하고 통치권 강화에만 비중을 둠으로써 시대정신을 반영하지 못한다는 비판을 불러왔다.

이즈음에 서재필은 자주독립국가의 결의를 다지고 위상을 강화하는 상징물로서 독립문獨立門을 세우기로 했다. 이는 독립협회의 주요 목적사업이 되었다. 전통적으로 청나라 사신을 영접하던 영은문이 헐린 장소에 독립문을 세운다는 제안은 독립협회가 발의해

독립문의 앞모습. 독립문 앞에 자리한 커다란 두 기둥은 '영은문 주초迎恩門 柱礎', 즉 조선시대 영은문의 기둥 초석이다.

고종황제의 동의를 받았다. 이에 따라 독립문은 1896년 11월 21일에 정초식을 거행하여 1년 뒤인 1897년 11월 20일에 완공되었다.

서재필은 독립문을 건립하게 된 사실을 ≪독립신문≫을 통해 널리 소개했다.

> 오늘 우리는 국왕께서 서대문 밖 문의 옛터에 독립문이라고 명명할 새로운 문을 세우기로 결정한 사실에 기뻐한다. 우리는 그 문에 새겨질 이름이 한국어(언문)로 조각될지 알지 못하지만 그렇게 되길 바란다. (…) 이 문은 다만 중국으로부터의 독립만을 의미하는 것이 아니라 일본으로부터, 러시아로부터 그리고 모든 유럽 열강으로부터의 독립을 의미하는 것이다.
>
> 그것은 조선이 전쟁의 폭력에서 열강들에 대항하여 견딜 수 있다는 의미에서가 아니라, 조선의 위치가 극히 중요하여 평화와 휴머니티와 진보를 위해서 조선의 독립이 필요하며, 조선이 동양 열강 사이의 중요한 위치를 향유함으로 보장하도록 위치하고 있다는 의미에서 그러한 것이다. 전쟁이 조선의 주변에서 발발할 수 있을 것이다. 아니 그 머리 위에서 쏟아질 것이다. 그러나 힘의 균형의 법칙에 의하여 조선은 손상받지 않고 다시 일어설 것이다.
>
> 독립문이 대성공을 거두길, 그리고 후세들이 독립문을 가리키며, 이것을 만든 백성들에게 영국인, 미국인, 프랑스인 같은 다른 나라 사람들이 그들 선조들의 영광스러운 성취를 나타낼 때 받는 느낌과 같은 느낌을 느끼기를 바란다.[4]

서재필은 프랑스 파리의 개선문을 모방하여 독립문을 짓고자 했다. 그러나 예산과 기술이 부족했다. 급기야 독립문을 짓다가 돈이 부족해지자 국민들에게 성금을 내달라는 기사를 ≪독립신문≫에 싣기도 한다. 서재필은 이를 두고 안타까워했다.

독립문의 자세한 모습은 다음과 같다.

> 화강석으로 쌓은 구조물은 중앙에 홍예문이 있고 내부 왼쪽에 정상으로 통하는 돌층계가 있으며, 정상에는 돌난간이 둘러져 있다. 홍예문의 이맛돌에는 조선왕조의 상징인 이화문장李花紋章이 새겨져 있고 그 위의 앞뒤 현판석에는 각각 한글과 한자로 '독립문'이라는 글씨와 그 좌우에 태극기가 새겨져 있다.[5]

'독립문'이라는 현판 글씨는 그동안 이완용이 썼다고 알려졌다. 그러나 근래에는 당대의 명필이었던 김가진의 작품이라는 주장이 설득력을 얻고 있다.

건립을 주도한 서재필은 독립문이 완공되던 날 다음과 같은 기록을 남겼다.

> 이달 초이튿날 새 외부外部에 여러분들이 모여 의론하기를 조선이 몇 해를 청국 속국으로 있다가 하나님 덕에 독립이 되어, 조선 대군주 폐하께서 지금은 세계에서 제일 높은 임금들과 동등이 되시고(건원칭제를 말하는 듯—필자) 조선 인민이 세계 자유하는 백성들이 되었으니,

독립문의 앞과 뒤에 각각 한글과 한자로 새겨져 있는 독립문(獨立門).

이런 경사를 그저 보고 지내는 것이 도리가 아니요, 조선이 독립된 것을 세계에 광고도 하여, 또 조선 후생들에게도 이때에 조선 독립된 것을 전하자는 표적이 있어야 할 터이요, 경치 좋고 정한 데서 운동도 하여야 할지라, 모화관에 새로 독립문을 짓고 그 안을 공원으로 하여 천추만세에 자주독립한 뜻이라.

이것을 하려면 정부 돈만 가지고 하는 것이 마땅치 않은 까닭은, 조선이 자주 독립된 것이 정부에만 경사가 아니라 전국 인민의 경사라, 인민의 돈을 가지고 이것을 꾸며놓는 것이 나라에 더 영광이 될 터이요.[6]

독립문사적 제33호의 원래 위치는 지금과 달랐다. 박정희 정부가 1979년 7월에 성산대로 공사를 하면서 원래 있던 곳에서 서북쪽으로 약 70m 떨어진 지점으로 옮겼기 때문이다. 독재정권은 자주독립의 상징물인 독립문의 위치까지 정권 마음대로 옮기는 만용을 서슴지 않았다.

독립문이 건립되었을 때 ≪독립신문≫에는 이를 경축하는 '독자투고'가 실렸다. 다음은 그중 하나인데, 내용 중에 나오는 '연주문'은 영은문의 별칭이다.

양성 김석하의 독립문가

우리조선 신민들은 독립가를 들어보오
병자지수 설치하고 자주독립 좋을시고
독립문을 지은후에 독립가를 불러보세
우리조선 신민들은 진충보국 하여보세
우리성주 유덕하여 자주독립 좋을시고
연주문을 쇄파하고 독립문이 높아지네

우리성주 수만세요 우리창생 화합이라

오백년래 좋은일은 독립문이 좋을시고[7]

역사상 최초의 만민공동회 개최

조선 말기에 거듭되는 외우내환으로 조선의 정세는 하루하루 고 빗길로 치달았다. 청일전쟁1894에서 패한 청나라의 영향력은 크게 줄어들었으나 러시아와 일본이 조선이라는 먹잇감을 놓고 대결했 다. 국내에서는 종주국을 바꿔가면서 사대기득권을 놓지 않으려는 수구파와 현상타파를 통해 자주독립국가를 세우려는 개혁진보파 사이에 치열한 각축전이 벌어졌다.

그러던 중 고종이 대한제국을 선포했다1897. 그러나 여전히 친 러파가 국정을 농단하고, 이를 비판하는 서재필과 독립협회를 견 제하기 시작했다. 고종은 한때 서재필을 옹호하는 듯했으나 ≪독 립신문≫과 독립협회가 러시아의 이권 침탈과 이에 놀아난 친러파 대신들을 비판하면서부터 적대적으로 바라보기 시작했다.

독립협회는 러시아 공사 스페이에르가 부산의 절영도 조차를 거 듭 요구하자 1898년 2월 27일에 간부회의를 열어 이를 격렬하게 성토했다. 또한 일본에 조차된 석탄고 기지를 회수할 것을 요구하 는 등 국권수호를 위한 민중운동을 벌이기 시작했다.

그해 3월 10일, 서울시민 1만여 명이 종로에 모였다. 서울시민의 약 20분의 1이 나온 셈이었다. 우리나라 역사에서 민란이나 혁명이 아닌 평시에 서울 중심가에 시민 1만여 명이 모인 것은 처음 있는 일이었다. 그것도 토론을 벌이거나 듣기 위해서 자발적으로 모였다. 서재필이 배재학당과 협성협회에서 시작한 토론 문화가 마침내 만민공동회로 발전하기에 이르렀던 것이다.

민중들은 만민공동회에서 쌀장수 현덕호를 회장으로 선출했다. 이어 많은 시민이 연단에 올라 러시아의 이권 침탈정책을 규탄하고, 정부가 나라의 자주독립을 지킨다는 명분으로 임명한 러시아의 군사교관과 재정고문의 퇴거를 요구하여 박수갈채를 받았다.

독립협회와 만민공동회는 밖으로는 열강의 침략과 이권침탈을 막아내고 안으로는 국정개혁을 통해 자주적인 독립국가를 세우고자 하는 여러 가지 개혁안을 제시하고 토론했다. 주요 내용은 다음과 같다.

첫째, 그들은 중추원을 의회로 개편하여 입법기관으로서의 의회를 개설하고 이를 통하여 민의가 언제나 국정에 반영되는 체제를 수립하여야 한다고 생각했다.

둘째, 그들은 개혁파 관료를 중심으로 한 강력한 자강개혁 내각을 수립하여 이 새 내각이 적극적으로 자강개혁정책을 시행하여야 한다고 생각했다. (…) 의회를 통하여 국민이 자기의 의사를 충분히 국정에 반영시킬 수 있으면 정부와 국민이 서로 신뢰하고 단결하여 안으로는 자강을 실현하고 밖으로는 외세의 침략을 막아 자주독립을 지킬 수 있다고 보았다.

　셋째, 그들은 이를 위해서 관민이 합석하여 국정개혁의 대원칙을 민중의 의사에 따라 결정하고, 자강개혁 내각으로부터 이 대원칙의 실천을 약속받아 보장시킨 다음 민중도 일치단결하여 이 자강개혁을 지지하고 일정 기간 동안 관민이 대동단결하여 열강의 침략으로부터 나라의 자주독립을 지킬 실력을 길러야 한다고 생각했다.[8]

　민심을 얻은 만민공동회는 독립협회의 결정에 따른 정기적인 집회매주 토요일와는 별도로 민중들이 스스로 여기저기서 집회를 열어 국가 현안을 토론하고 외세의 침탈을 배격하면서 각종 탐관오리들의 수탈을 폭로했다. 이 시기에 독립협회와 만민공동회는 많은 활동을 전개했다.

　그 대표적인 활동으로, 서재필 추방 반대운동, 생명과 재산의 자유권 수호 운동, 탐관오리 규탄, 러시아의 목포·진남포 항구 매도 요구 반대, 프랑스의 광산 이권 요구 반대, 정부의 해외 각종 이권 양여의 조사, 무관학교 학생 선발 부정 비판, 의사양성학교 설립 주장, 의병에 피살된 일본인에 대한 일본의 배상 요구 저지와 이권 요구 반대, 황실 호위 외인부대 창설 저지, 노륙법 및 연좌법 부활 저지, 7 대신 규탄과 개혁내각 수립, 민족상권 수호 운동, 언론과 집회의 자유권 수호 운동, 의회설립 운동 등이 있다.

　이렇듯 민력民力이 강화되어가자 러시아는 물론 친러 대신들과 고종 황제, 심지어 일본까지 독립협회와 만민공동회의 활동을 혐

오하기 시작했다. 주한 일본공사관은 다음과 같이 경계했다.

독립파의 목적은 견고한 정부를 형성하여 비정을 개혁하려고 하
는 데 있다. 그러나 지금과 같이 궁정의 질서가 혼란하고 군권君權 남
용의 폐행이 많음에 당하여서는 도저히 목적을 관철할 수 없다고 보
고, 먼저 현임대신을 배척하여 연소유위年少有爲의 인재를 거하여 신
정부를 조직함과 동시에, 중추원 관제를 개혁하여 여기에 참정권을
주어서 정부와 서로 연합하여 정부의 지위를 견고히 하고, 상폐하皇
帝에 대하여 강경한 태도를 집하여 그 군권을 억제하고 비정의 혁파
를 여행하려고 하는 데 있는 것 같다.[9]

일본은 장차 대한제국을 침략하여 속방화하려는 것이 목적인데,
조선이 근대적 입헌공화제 국가로 발전해야 한다고 주장하자 크게
못마땅해했다. ≪독립신문≫과 독립협회, 만민공동회의 활동이 활
발해지면서 러시아와 친러 대신 그리고 고종과 일본 정부까지 서
재필의 존재는 눈엣가시였다. 조선 사회의 모든 개혁 활동의 중심
에 서재필이 있고, 그에 의해 운영되고 움직인다고 판단했기 때문
이다. 그래서 관가에서는 공공연하게 서재필의 추방 소식이 나돌
았다.

만민공동회의 영향과 반향은 컸다. 무엇보다 4천 년 동안 억눌
리고 착취당했던 피지배 서민들이 당당하게 자기의 생각과 주장을
털어놓고 말하고, 권세가들을 드러내놓고 비판할 수 있는 광장을

마련해주었기 때문이다. 또한 일방적으로 지시하고 추종하는 질서
가 토론 문화로 바뀌어갔다. 정부는 한때 엄청난 군중의 힘에 압도
되어 고종이 직접 나와 만민공동회 대표에게 대정부 제안의 일부
를 수용하겠다는 약조까지 하기도 했다.

만민공동회 해체와 서재필의 위기

고종을 일러 '개명군주'라고 말하는 학자들이 있다. 인물 평가는
생애 전체를 두고 시비곡직을 가려서 종합적으로 판단해야 한다.
고종이 서재필과 독립협회 그리고 만민공동회의 요청을 받아들여
최소한 입헌군주제라도 수용했다면 청·러·일의 차례로 뒤바뀌는
열강의 침략으로부터 국치를 면했을지 모른다. 그러나 그는 처음
에는 흥선대원군, 나중에는 민비와 친러파, 마지막에는 친일파 대
신들에게 휘말려 국권을 상실한 '망국군주'가 되었다.

고종은 독립협회와 만민공동회를 배척하면서 오로지 왕권 유지
에만 권력을 쏟았다.

고종은 독립협회를 대신하여 자신의 의지를 관철시킬 친위 조직
의 필요성을 강하게 느끼기 시작했다. 그것은 1898년 6월 30일 황국
협회의 결성으로 현실화되었다. 황국협회는 이기동·고영근·길영수
등 황실 측근 세력이 주도했지만, 몇 해 전에 고종의 밀명을 받아 김

옥균을 암살했던 홍종우가 협회의 이념과 정책 방향을 이론적으로
뒷받침했다.

황국협회의 행동대원은 황실의 지원을 받은 상부사의 보부상들
이었다. 이들 세력 가운데 몇몇은 권력욕으로 황국협회와 독립협회
를 오가며 활동했지만, 대부분은 확고부동한 고종의 친위대로서 얼
마 후 벌어질 만민공동회를 무력으로 진압하는 데 앞장서게 된다.[10]

예나 지금이나 민심을 얻지 못한 수구세력은 음모와 술책으로
권력을 유지하려 든다. 독립협회와 만민공동회가 시세와 민심을
타고 국정개혁의 동력으로 작용하자 정치적으로 위기감을 느낀 수
구세력은 음모를 꾸몄다.

독립협회는 전면적인 개각을 요구하며 운동을 전개했는데,
1898년 10월 12일에 마침내 친러파 정부를 해체시켰다. 이어 박정
양과 민영환을 중심으로 한 개혁파 정부를 수립하는 데 성공했다.
그러자 개화파들은 이 신정부를 지지하고 신정부와 협의해 중추원
을 개편하여 의회를 설립하기로 합의하고, 의회설립안을 정부에
제출했다.

개혁파 정부가 이들의 제안을 받아들이면서 11월 5일에 우리나
라 역사상 첫 의회를 개원하기로 하고, 중추원관제개편안(의회설립
안)을 공포했다. 또한 개혁파들은 그들의 체제를 굳히기 위해 10월
28일부터 11월 2일까지 종로에서 관민공동회를 개최했다. 이들은
이 자리에서 개혁파 정부와 독립협회 등 애국적 시민과 새로 개설

될 '의회'가 단결하여 자주적 개혁정책을 실현할 결의를 다졌다. 그러나 개혁파 정부는 의회가 설립되기 하루 전인 11월 4일 밤에 무너지고 만다.

친러 수구세력이 의회가 설립되어 개혁파 정부와 연합하면 자신들은 영원히 정권에서 배제될 것이라고 여겨 또다시 음모를 꾸몄기 때문이다. 즉, 독립협회 등이 의회를 설립하여 전제군주제를 입헌군주제로 개혁하려는 것이 아니라 박정양을 대통령으로 세우고, 윤치호를 부통령에 임명하고, 이상재를 내부대신으로 임명하는 등 국체를 공화정으로 바꾸려 한다는 내용의 전단을 뿌리는 모략전술을 썼다. 황제가 폐위된다는 모략 보고에 놀란 고종은 11월 4일 밤부터 11월 5일 새벽에 독립협회 간부들을 체포하고, 다시 조명식을 내각 수반으로 한 친러 수구정권을 조직했다.[11]

1519년, 대사헌이 된 조광조가 사림 세력을 중심으로 하여 일부 공신들의 토지를 회수하여 국가재정을 튼튼히 하고 각종 적폐를 척결하면서 개혁을 시도하자 훈구파들이 움직였다. 이들은 궁중의 나뭇잎에 꿀로 '주초위왕走肖爲王', 즉 '조씨가 왕이 된다'라는 글자를 쓴 다음 벌레가 파먹게 한 뒤 이 나뭇잎을 왕에게 바쳐 조광조를 시작으로 사림파를 제거했는데, 친러 수구세력의 음모는 이런 수법과 유사한 모략이었다.

나뭇잎 대신에 날조한 전단을 살포하는 것으로 진화했을 뿐이었다. 조선 왕조는 이때의 개혁 기회를 놓치고 얼마 지나지 않아 임진왜란을 겪었고, 대한제국은 개혁을 거부하고 7년 뒤에 을사늑변을 맞고 12년 뒤에는 경술국치를 당하게 된다. "개혁의 기회를 놓치면 역사는 보복한다"라는 말은 시공을 초월한다.

12월 24일, 친러 수구세력이 '관변단체'인 황국협회와 보부상들을 만민공동회장에 난입시켜 회원들을 폭행하고, 군대를 동원하여 보부상과 합동작전으로 독립협회와 만민공동회 간부들을 폭행·검거했다.

고종은 12월 25일에 11가지 죄목을 들어 이들 두 단체를 불법화하고 해체령을 포고했다. 이때 간부 430여 명이 체포되어 혹독한 고문을 당했다.

서재필이 주도한 독립협회와 만민공동회는 짧은 기간 활동하고 이렇게 비참한 결말을 맞았다. 그러나 이들의 활동은 이후 의병운동, 독립운동, 민주공화제 수립운동으로 이어지는 역사의 정맥으로 자리잡았다.

서재필은 또다시 위기에 내몰렸다.

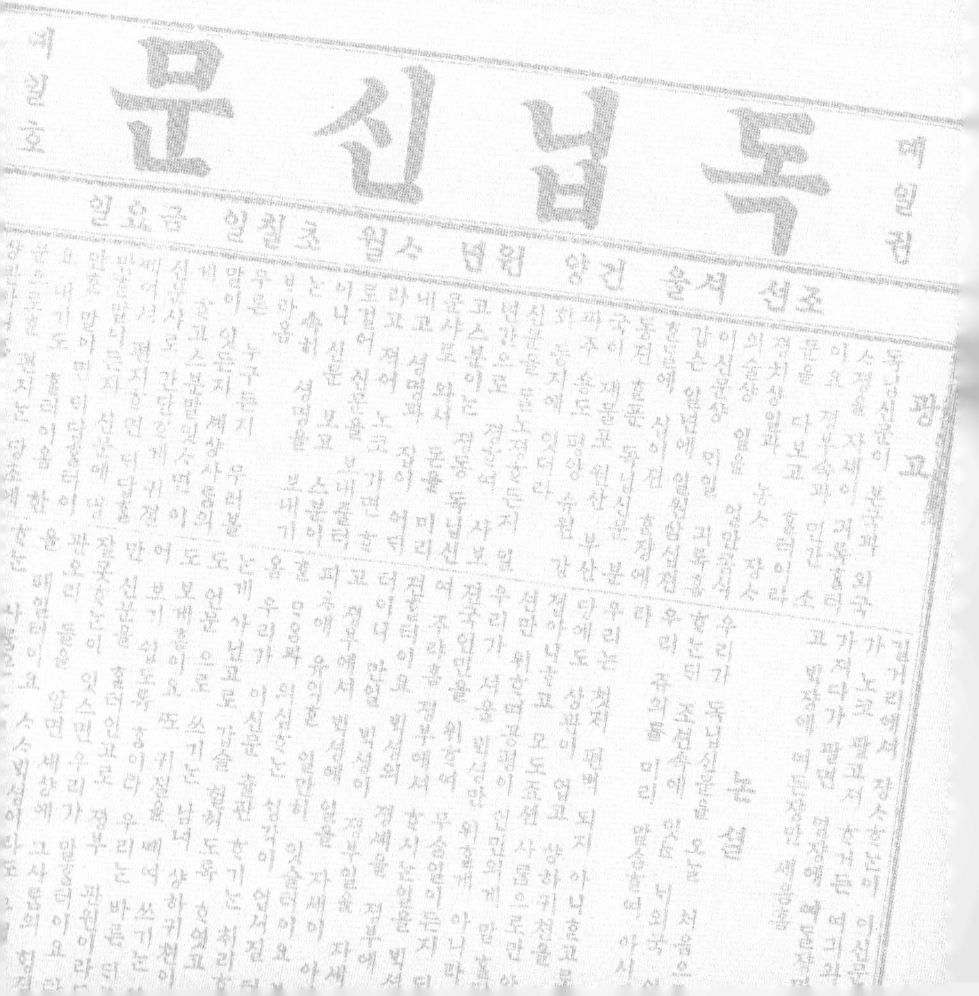

뎨일호

대일젼

독닙신문

조션 셔울 건양 원년 소월 초칠일 금요일

논설

광고

7. 미국으로 추방

개혁파 선각자들 죽인 수구세력

한국사에서 벌어진 수많은 비극 중에서도 일찍 죽음을 맞이한 개혁파 선각자들이 많다는 사실은 우리를 안타깝게 한다. 조선 말기 이래의 격변기에 특히 안타까운 죽음이 많았다. 최제우와 전봉준은 효수당하고 김옥균은 암살되었다. 해방 후에도 다르지 않았다. 김구와 여운형, 장준하는 암살당하고, 조봉암과 조용수는 사법살인의 희생양이 되었다.

이들과 달리 서재필은 목숨만은 건질 수 있었다. 미국 시민권의 효력 때문이었을 것이다. 독립문 건립이 완공되고 얼마 지나지 않은 1897년 12월 14일에 외부대신 조병식이 서재필을 중추원 고문직에서 해고한다고 통보했다.

조병식은 이보다 앞서 주한 미국공사 알렌에게 "서재필은 갑신 정변의 역적이며, 불청객으로 귀국해서 1895년 역적 내각김홍집 내각 의 고문관으로 10년의 고빙雇聘 계약을 체결했습니다. 그는 자기가 발행인으로 있는 ≪독립신문≫에서 정부를 비난·중상하는 기사를 게재했기 때문에 우리는 더 이상 그를 필요로 하지 않습니다"[1]라며 미국 시민권을 소지한 그의 추방을 통고했다.

독립협회에서는 여러 가지 방법으로 서재필의 재류在留 운동을 전개했다. 그러나 정부와 러시아와 일본 측은 한 덩어리가 되다시 피 하여 서재필의 추방을 진행했다. 주한 미국공사관에서는 대한 제국 정부에 서재필의 '고빙 계약서'를 반납하기에 이르렀다. 조병 식이 새로 부임한 주한 러시아공사 스페이어와 주한 미국공사 알 렌에게 서재필의 추방을 교섭한 결과였다.

서재필이 귀국하여 1년쯤 지났을 때 부인 뮤리엘 암스트롱이 남 편을 찾아와 서울에서 함께 살았다. 이들 부부는 얼마 뒤 맏딸 스 테파니를 낳았다. 처음에는 함께 오지 않았던 부인까지 불러온 것 으로 보아 그는 한국에서 여생을 살고자 한 것으로 보인다. 그러나 수구세력은 그의 존재를 점차 사갈시蛇蝎視했고, 서재필은 사면초가 에 빠졌다. 게다가 알렌까지 서재필에게 미국으로 돌아가라고 권 하면서 심한 고립감에 빠져들었다.

국가의 권력에 대한 러시아의 침해와 국왕을 에워싸고 있는 친러 파의 선동을 받아 고위직에 오른 사람들의 면면에 대한 반대의 의견

서재필과 뮤리엘.

이 형성되기 시작했다. 사람들의 의식이 개혁되고 있다는 이 표시로 인해 러시아는 걱정하기 시작했고, 시간이 지남에 따라 국왕과 그의 내각도 걱정을 하게 되었다. 그들은 이 모든 것에 대해 내가 여론을 조성하고 국가의 이익에 영향을 미치는 공식적 명령에 대해 반대하는 비판을 제기했기 때문이라고 나를 비난했다.

관료들은 점차 대중강연과 토론에 불참했고, 러시아인들은 나에 게 냉담하게 대했다. 몇몇 미국인들조차도 내가 러시아 대표를 비판하고 국왕과 친밀한 사람들에게 공개적으로 비난하는 행동을 취한 것은 현명하지 못한 일이라고 생각했다. 실Sill 씨 다음으로 미국공사를 맡은 알렌은 나에게 한국은 미국처럼 될 수 없다며 좀 더 외교적으로 처신하라고 종종 주의를 주었다. 내가 그러한 노력을 계속한다면 종국에는 실패할 뿐만 아니라 나 자신과 가족에게 해를 입히게 될 것이라고 말했다.

그는 말하길 국왕도 나를 반대하고, 러시아공사도 나를 반대하고, 일본공사도 내가 그들의 고압적인 대對한정책, 특히 황후를 살해한 것과 박영효가 일본의 끄나풀 노릇을 하지 않았다는 이유로 그를 쫓아낸 것에 대해 비판을 하기 때문에 나를 반대한다고 했다.

한국 국민은 나를 신뢰하고 나의 동기를 존중하지만 나를 돕거나 보호해줄 힘은 없었다. 미국공사는 나에게 나의 안전과 가족의 안전을 위해 미국으로 돌아가라고 부탁했다. 나는 내가 떠난 뒤 내 자리를 대신할 사람이 생기면 언제라도 그만두겠다고 그에게 말했다.[2]

한국 사회에서 수구파는 사대주의 세력과 궤를 같이한다. 한마디로 외세를 등에 업고 권력을 행사하여 시대의 진운을 가로막는다. 단재 신채호가 '조선 1천년래의 제1대 사건'으로 규정했던 묘청과 정지상의 처형으로부터 동학농민혁명과 해방 후 통일정부 수립의 좌절에 이르기까지 수구세력은 그때마다 외세를 불러오거나 여기에 의존하면서 개혁진보파를 멸살시켰다.

서재필의 경우도 이런 과정의 연속선상에 있었다. 마침내 서재필은 미국으로 다시 돌아가기로 한다.

　　민중의 각성되어가는 현상이 황제와 그 완명고루한 각신閣臣들과
자국의 이익을 위하여 양적 음적으로 활약하고 있던 열국 사신들을
놀라게 했다. 사교적으로는 나는 그네들과 별 충돌 없이 지내었으나
정치적으로는 모두 나를 증오했다.

　　너무 급격한 개혁운동을 하다가는 일신상 불리한 일이 많을 것인
즉 개혁운동이라도 서완徐緩한 조자調子로 하라고 권언하는 인물도
있었고, 모종기사는 게재치 말라고 뇌물을 주려는 자도 있었으며, 자
기네의 그늘진 정치적 행사를 폭로하다가는 신변에 위해를 가하겠
다는 협박까지를 하는 자도 있었다.

　　나는 그 모든 것에 귀를 막고 일 신문인으로서의 의무를 다하기에
노력했다. 그네들은 갖은 방법으로 나의 사업을 저해하기 시작한바
종말에는 우송물을 차압함으로써 신문의 향간鄕間 배달은 불능했었다.

　　어느 날 미국공사는 내가 황제와 모모 세력에 적대적 태도를 취함
은 가장 불현명한 일인즉 위해가 신변에 미치기 전에 가족 동반하여
미국으로 다시 가라고 권했다. 하나 얼마 동안을 더 계속하여 보다
가 "내가 종자는 뿌렸은즉 내가 떠난 뒤에라도 거둘(추수) 이가 있으
리라"는 생각을 품고 나는 하릴없이 미국에로 다시 건너가기로 결심
했다. 나는 신문을 나의 친우인 윤치호에게 맡기고 떠났다.[3]

국내외의 추방 음모

서재필 추방 공작은 국제적 규모로 전개되었다. 제정러시아 측은, 스페이어 공사가 한국 내에서 국왕과 수구파 내각을 조종하면서 서재필 추방 공작을 강력히 전개했다.[4] 주미 러시아 대사 캐시니 백작은 시어도어 루스벨트 미국 대통령에게 서재필의 소환을 내청內請했다.[5]

일본 측은 ≪독립신문≫이 일본의 대한침투 정책에 저항하는 신문이고 그들의 ≪한성신보≫에 경쟁하는 신문이라 보고, 서재필을 추방하기 위한 공작을 전개했다. 일본 정부는 그들의 고문으로 있는 미국인 윌리엄스를 내세워 미국 정부에 서재필을 추방할 것을 요청했다.[6]

미국 정부도 한국과 러시아와 일본 측의 요청을 받고 서재필을 추방하는 데 동의했으며, 특히 고종으로부터 누차 후사厚賜를 받은 미국 공사 알렌은 고종에 아부하여 서재필의 출국을 재촉했다.[7]

미국 측으로서도 각국의 이권을 반대하는 서재필을 불온시한 것이 틀림없다. 서재필의 회상에도 미국인들이 자신을 가리켜 돈키호테라고 조소하면서 당시 서울에 거류하던 자신에게 그만 단념하고 미국으로 돌아가라고 권고했다고 쓰고 있다.[8]

정부와 외세의 서재필 추방 음모가 전해지자 독립협회는 1898년 4월 25일에 정부에 서한을 보내 반대의견을 분명히 밝혔다. 이어서 4월 30일의 만민공동회에서 서재필 추방을 반대하는 결의를 했다. 만민공동회는 최정식, 정환모, 이승만을 총대위원으로 선출하여 정부의 박정양 총리대신과 서재필에게 각각 편지를 보내어 유임을 호소했다. 다음은 서재필에게 보낸 편지이다(요약).

다행히 갑오경장의 기회를 만나 (…) 고종께서 중추원 고문의 명을 제수하셔서 어언 수년에 또한 동자군자와 더불어 독립문을 세우시고, ≪독립신문≫을 만들어 우리 이천만 동포형제들을 교도하고 점점 나아가게 하여 지금에 이르렀으니, 각하여 고심혈성을 곧 온 나라가 함께 듣고 보는 바입니다.

이번에 외국인 해고에 날을 당하여 각하도 또한 그 하나에 들어 있으니, 그 억울한 감정은 여기서 언급할 필요조차 없으나, 들은즉 각하가 장차 호연히 행장을 꾸린다 하니 그 불가한 것의 큰 것이 한두 가지가 아닙니다. 대개 각하가 외국에 투적한 것은 진실로 만부득이한 데서 나온 것이요, 절절이 각하를 위하여 애석한 일입니다.

또한 각하의 조종분묘가 우리나라에 있고, 각하의 종친 친척이 우리나라에 있고, 각하의 영재가 또한 중한 직임을 맡았으니 각하가 어찌 차마 여기를 버리고 가려 하십니까.

첫째는 우리 대황제 폐하의 호대한 은혜를 저버림이오, 둘째는 조상 대대로 물려받은 은택을 잊음이오, 셋째는 우리 동포 형제의 우의를 외롭게 함이옵니다. (…) 각하는 부모의 나라를 버리고 어느 곳으로 가서 천고불후의 이름을 세우려 하십니까. 만일 각하가 고집하여 마음을 돌리지 아니한즉, 오직 우리 이천만 형제 중에 반드시 울분을 토하는 자가 있어 장차 이르기를, 각하가 단지 자기 자신만 위하는 꾀요, 중의를 돌아보지 않은 것이라 할 것입니다. 하물며 오늘날 만민공동회가 특히 각하의 떠남을 만류하려 하오니, 오직 각하는 세 번 생각하소서.[9]

생명의 위협을 느낀 서재필의 결심

독립협회와 만민공동회 동지들의 안타까운 호소는 서재필의 가슴을 저리게 했다. 그러나 생명의 위협까지 느끼게 되면서 서재필은 더 이상 국내에 머물기 어려웠다. 갑신정변 이후 가족이 몰살되는 끔찍한 참극을 겪었던 터라 그에게는 무엇보다 아내와 딸의 안위가 걱정되었다. 때마침 미국에 있는 장모가 위독하다는 소식이 전해졌다.

떠나기로 결심한 서재필은 만민공동회 총대의원들이 보낸 서한에 대한 답신을 썼다(요약).

귀함을 받아 말씀하신 모든 사건을 자세히 보옵고 우선 다른 말씀하기 전에 먼저 제공에 친밀한 정의와 국민을 생각하는 소견을 듣사오니 공사간에 매우 감격하오이다.

내가 속히 떠나감을 제공이 창연히 생각하심도 또한 감사하온 일이나, 나의 사정을 제공들이 자세히 알지 못한 연고로 나의 감을 만류고자 하심이라.

귀정부에서 나를 임용하시기를 싫어 나를 해고하시고 회환비까지 주신 후에 내가 까닭 없이 귀국에 두류하는 것은 다만 내 모양에만 주동할 뿐 아니라, 미국 총대한공사도 또한 내가 염치를 불구하고 있는 것을 마땅히 여기지 아니할 터인즉 체면과 사세에 불가불 갈밖에 수가 없삽고, 내 조종의 분묘와 친척을 떠나게 된 것은 나의 사사함이라 타인에게 관계없는 것이오.

대황제 폐하의 호대하신 은혜를 저버린다 함은 알 수 없는 것이, 귀정부에서 나를 고빙하시기에 내가 사양치 않고 여기 있기 어려울 것을 생각지 아니하고 내 힘껏은 국민에게 유조토록 말하려 했사오며 지금 귀정부에서 나를 싫어하시는고로 또 물러가려 하는 것이오.[10]

이미 내려진 결정은 되돌릴 수 없었다. 1898년 5월 14일, 서재필은 가족과 함께 다시 미국으로 떠났다. 갑신정변 실패 뒤 고국을 떠날 때는 배에 숨어 탔으나 이번에는 동지들의 전송을 받으며 배에 올랐다. 귀국한 지 약 2년 반 만이다.

용산 부두에서 떠날 때 서재필은 목이 메어 끝내 고별사를 다 마치지 못했다. 다음은 그날의 정경인데, '제이선'은 서재필(미국 이름 '필립 제이슨')을 말한다.

지난 토요일 오전 11시 독립신문 사장 제이선 씨가 중추원 고문을 해고되고 서울을 떠나 용산으로 말미암아 일본을 지나어 그 부인과 함께 미국으로 돌아가는데 서울서 떠나던 날에 독립협회 회원들과 배재학당·협성회원들과 정부 신사들과 외국 부인과 신사들이 용산 강변에 나가 전별을 하는데 제이선 씨가 대한 친구들에 연설하기를,

제공은 대한독립 기초를 튼튼히 하고 임금에게 충성하며 2천만 동포 형제들을 사랑하여 대한 자주주권을 경고케 하며 나라를 잘 도와 점점 부강케 하고 용맹한 마음을 내어 나라를 위하여 죽기로 작정들 하고 차차 앞으로 나아가 세계 만국에 동등 대접을 받고 다시는 외국 사람들에게 업수히 여김을 받지 말지어다.

하고 감개한 마음을 억제치 못하여 눈물이 비오듯 하여 목이 메여 말을 다 마치지 못했다더라.[11]

서재필이 갑신정변으로 고국을 떠났다가 11년 만에 귀국하여 활동한 시간은 불과 2년 반 남짓이다. 그러나 그동안 그가 실행한 일들은 우리나라 개화사에 길이 기록될 사업들이었다. 안으로는 옹졸한 군왕과 그를 둘러싼 사대수구파의 견제, 밖으로는 러시아와 일본과 미국 등 열강의 음모 속에서도 시대적 과제들을 척척 해냈다. 그러나 점점 더 노골적으로 드러나는 견제와 음모 속에서 더 이상 일을 수행하기 어려웠다.

서재필은 출국하기에 앞서 ≪독립신문≫ 독자들에게 '작별의 논설'을 남겼다.

3년 전에 내 본국에 돌아온 지 얼마 아니 되어 국문 신문이 불가불 있어야 할 일을 깨닫고 또 기시 정부 당로當老 사람들도 나와 동의하며 대황제 폐하의 은총으로 2년 전에 집을 주서서 ≪독립신문≫을 처음으로 내게 되어 그 후부터 외국 친구와 대한 사람의 보좌함을 힘입어 영문과 국문으로 두 신문을 나누어 확장했으며 대한을 세계에 소개하는 일에 약간 유익함이 있음을 믿으며 일본과 청국에 있는 신문들이 우리 신문을 후대함을 감사하노라.

내가 떠난 후에는 이 신문이 어찌 될까 하여 염려하는 사람이 있으니 처음에는 신문사를 떠엎는 것이 가장 좋은 방편인 줄 알았더니 국문 신문 보는 사람들이 그 신문이 그치지 않기를 원하고, 또 신문 보는 사람들도 차차 느는 고로 정지하기를 싫어하던 차에 다행히 ≪독립신문≫ 기계는 배재학당 안찰국에 세주고 우리 두 신문은 여전히 출판하기로 약정했으며 미국 친구 수삼인으로 더불어 ≪독립신문≫ 회사를 조직하여 내가 그 회원에 가입하고 신문 출판하는 일은 이 회사에서 담당하여 허다한 담판을 한 후에 윤치호 씨를 1년 동안 본사 사무장으로 청했으니,

윤 씨는 서양 사람과 대한 사람이 넓히 친한 이이요, 미국서 일찍 교육을 받고 구라파를 유람하고 여러 외국 말을 통하니 회사에서 이 사람 얻은 것을 하례하며 나를 보좌하던 친구들이 이 사람을 보좌하기를 바라며, 또 윤 씨는 대한에 개화사업이, 굳게 되기를 바라는 사람이요, 충군애국하는 마음이 두터워서 자기 나라에 유익하기를 위하여 이 신문 일을 담당하니 이 신문 보시는 이들이 각 처에 무슨 드

릴 말이 있던지 다 통과하여 주시기를 바라오. (…) [12]

애통한 마음으로 한국을 떠난 서재필은 이후 50여 년 동안 고국 땅을 다시 밟지 못했다. 그는 일제강점기가 끝나고도 2년여가 지난 1947년 7월에야 미군정 최고 고문이자 과도정부특별의정관 자격으로 귀국할 수 있었다.

미국 시민권을 가졌기 때문에 이때의 출국을 행정상으로 망명이라고 하기는 어렵지만, 정치적으로는 2차 망명기라 할 수 있다.

8. 기미년 3·1 혁명

해외에서도 타오른 3·1 혁명의 불길

서재필이 고국에서 벌어진 3·1 혁명 소식을 들은 것은 3월 9일 이었다. 상하이에 있던 현순 목사가 전보로 알려준 덕분이었다. 현순 목사도 국내의 거족적인 독립운동을 알리기 위해 3·1 혁명이 벌어지기 직전에 고국을 떠나왔기에 자세한 내용은 알 수 없어서 중국 신문에 보도된 내용을 전해주었다. 이 소식은 ≪신한민보≫ 3월 13일 자에 호외로 실리면서 동포 사회에 널리 알려졌다.

이보다 앞서 ≪뉴욕 타임스≫는 3월 12일 자에 중국 베이징발로 3·1 혁명에 관한 기사를 실었다. "(한국에서) 만세 운동이 전국적으로 진행되었고, 또 이러한 일은 예상 밖의 일인데, 일본 관헌은 돌발적 사태에 당황했으나, 곧 강인한 태도로 진압하기 시작했으며, 많은 사람들이 고문을 당하고 있다"라는 내용이었다.

《연합통신AP》도 다음 날 일본 오사카발 기사를 실었는데, 그 내용은 참혹했다. 일본 헌병이 만세를 부르는 소년의 손을 잘라버리자 소년은 다른 손으로 만세를 불렀고, 그러자 일본 헌병은 그 손마저 잘라버렸다는 내용이었다. 비폭력 저항을 폭력으로 잔인하게 진압하는 일제의 만행에 동포들은 분노했다.

국내에서 시작된 3·1 혁명의 불길은 멀리 미주에 있는 동포들에게도 전해져 뜨거운 감격과 열정으로 타올랐다. 두 차례나 국정개혁의 횃불을 들었다가 망명과 추방의 아픔을 겪은 서재필에게는 특히 더 남달랐다. 더 이상 사업가로 안주할 생각은 잊었다.

서재필은 일제의 잔혹한 탄압에도 굴하지 않고 이어가는 독립만세운동을 지원하기 위한 활동에 착수했다. 먼저, 전 세계 각지에 산재해 있는 동포들과 유학생들을 모아 한인연합대회를 열고, 미국 기자들을 초청해서 한국 상황을 설명하고자 했다. 마침 워싱턴에 와 있는 이승만과 정한경을 만나 이에 대해 협의했다. 이들은 파리강화회의에 참석하기 위해 여권 발급을 교섭하고자 워싱턴에 머물고 있었다.

서재필은 기왕이면 미국 독립의 발상지인 필라델피아에서 규모 있는 독립행사를 하는 것이 더 효과적일 것으로 판단하고 계획을 바꾸었다. 필라델피아는 워싱턴과도 가까운 거리여서 서재필도 그동안 몇 차례 방문한 적이 있는 곳이었다.

1919년 4월 14일부터 16일까지 3일 동안 필라델피아 리틀극장

필라델피아 한인대회에 참가한 사람들. 앞줄 왼쪽에 서재필과 이승만이 함께 서 있다.

에서 '제1차 한인회의The First Korean Congress'가 거행되었다. 이 자리에는 한인 대표와 유학생 등 150여 명이 참석했다. 톰킨스 목사와 스펜스 상원의원을 비롯해 미국인 교수, 기자, 한국을 다녀온 기독교인 등도 다수 참석하여 대회는 성황을 이루었다. 서재필은 임시의장에 이어 의장에 선임되어 3일간의 회의와 집회를 이끌었다. 이 대회에는 이승만, 정한경, 민찬호, 윤병구 등 지명도 있는 인사들은 물론 임병직, 김현철, 장기영, 조병옥, 유일한 등 유학생들도 참석했다.

제1차 한인회의는 샌프란시스코에 있는 대한인국민회의와 협의를 거쳐 '한국홍보국'을 설치하기로 하고 서재필에게 그 책임을 맡겼다. 그리고 「대한민국 임시정부에 보내는 결의문」, 「미국 대통령과 파리강화회의에 보내는 청원서」, 「지각 있는 일본인들에게 보내는 메시지」, 「한민족의 목표와 포부」 등의 결의문과 호소문을 채택했다.

그중 서재필과 정한경, 윤병구, 민찬호의 명의로 된 「미국 대통령과 파리강화회의에 보내는 청원서」의 내용은 다음과 같다.

해외에 살고 있는 모든 한국인을 대표하여 1919년 4월 14일부터 16일까지 펜실베이니아주의 필라델피아 의회에 모인 우리들은 1919년 3월 1일 조직된 2천만 이상의 전 한국인의 의지를 대표하는 대한민국 임시정부를 승인해줄 것을 여러분에게 정중하게 요청합니다.

대한민국 임시정부의 형태는 공화정체를 취하고 있으며, 그 정부를 이끄는 정신은 민주주의입니다. 또한 주로 이 정부를 구성하고 있는 사람들은 고등교육을 받았으며 고매한 기독교적인 인격을 갖추고 있습니다. 우리의 유일한 목표는 민족을 위한 자결을 다시 얻어 기독교 민주주의라는 기본 이념 아래 자유 국민으로서 성장하는 것입니다. 한국은 1905년까지 독립된 나라였고, 1882년 미국은 한국의 독립과 영토 보전을 보증해주는 계약 당사국이었습니다.

우리는 국제 정의에 대한 여러분의 옹호를 믿으며, 항상 민주주의를 위해 또 약소국가들의 권리를 위해 그 편에 서 계시는 여러분들에게 이 요청을 드리는 것입니다.

우리의 청원에 대해 여러분의 우호적인 반응을 얻는 기쁨과 즐거

필라델피아 한인대회에서 태극기를 펼치고 행진하는 모습.

움을 맛보게 해주시지 않겠습니까? [1]

대회 마지막 날인 4월 16일 오후에 참석자들은 태극기와 성조기를 들고 리틀극장에서부터 미국 독립기념관까지 시가행진을 벌였다. 필라델피아 당국의 협조를 받아 독립기념관에 도착한 뒤 이승만의 「3·1 독립선언서」 낭독과 '대한민국 독립 만세' 삼창, 기념촬영 등을 하며 대회를 마무리했다.

필라델피아에서 발행되는 유력 신문들은 '제1차 한인회의'의 취지를 상세히 보도하면서 미국이 한국에 대한 의무, 즉 1882년 조선과 미국이 맺은 '조미수호통상조약'을 지키지 않은 것을 비판했다. 이 조약은 양국이 제3국의 침략을 받을 때 공동대처한다는 내용 등이 담겼으나 미국은 이를 지키지 않았다. 서재필이 미국 기자들에게 이런 사실을 알려주었을 것이다.

3일간 열린 '제1차 한인회의'의 회의록 등은 그날의 모습을 생생하게 기록해놓았다. 한인대회는 짧은 준비 끝에 열린 행사였으나 파급효과는 적지 않았다. 필라델피아 한인대회에 참석한 지역 유지들은 독립운동의 지원세력이 되었고, 신문 보도는 미국 사회에서 한국에 대한 인식이 더 넓게 퍼지는 데 도움을 주었다.

'한국통신부' 설립하고 책임을 맡다

서재필의 혈맥 속에는 혁명가의 기질이 깊게 배어 있었다. 3·1혁명의 소식에 감격한 그는 사업을 제쳐두고 필라델피아에 눌러앉았다. 그가 '한국통신부'의 대표를 맡았기 때문이다. 대한인국민회는 한인대회의 성공적인 개최를 지켜보면서 4월 19일에 중앙총회를 열어 한국통신부의 책임자로 서재필을 위촉했다.

서재필은 한사코 이승만이나 정한경을 추천했으나 중앙총회 대의원들은 서재필의 책임을 전제로 한국통신부의 설치를 의결했다. 책임을 맡은 서재필은 한국통신부의 역할을 미주 동포들에게 널리 알렸다.

이번 필라델피아에 모였던 대한자유대회의 청함을 인하야 대한

공화국통신부를 이 필라델피아에 두고 우리 국민회에서 부탁한 외교의 사업을 아래와 같이 하기로 작당했다.

1) 대한에 관한 모든 소식을 모아 각 방면으로 미국 공중에게 알리게 함.

2) 우리의 일을 위하야 동정과 도덕적 원조를 원하는 밖의 친구들을 등록할지니, 그리하면 미국 국민 가운데 장차 우리 조국의 자유를 회복하기를 위하야 일하며 또 우리와 같이 일할 견고한 단체가 있어야 한다.

3) 인쇄하야 세상에 전파할 모든 문자를 본 통신부에서 검열할지니, 그리하면 대한인이나 혹 대한인의 친구들의 말하는 것이나 향하는 것이 모다 일치하야져서 더욱 유력할지라. 나는 이 목적을 달하기 위하야 두 주일에 한 번이나 한 달에 한 번씩 상당한 문제를 가지고 글을 지어 자원하야 나라 일을 하려는 인사들에게 나눠주어 미국 어느 곳에서든지 똑같은 말과 행동을 취하게 하려 하노라.

4) 현금 오하이오주 학생단에서 발간하는 영문 잡지를 검열하야 우선 완전한 잡지가 되도록 힘쓰겠노라.

5) 나는 각 지역에 헤어져 있는 우리 국민 사이에 아무쪼록 일치와 화목이 있도록 힘쓰려 하노니, 우리가 이러한 위기를 당하야 결단코 당파적 감정을 두지 말고 남자나 여자나 모두 맘과 뜻을 같이하야 우리의 조국을 멸망에서 구원하는 일에 힘을 다할지니라.[2]

1910년대에 미국 전역에 살고 있던 한인은 2천여 명에 불과했다. 조선인들의 미국 이주는 조선 말기에 노동이민으로 시작되었는데, 1905년 을사늑약으로 외교권이 박탈되면서 일제가 조선 노동자들의 해외 이민을 금지한 결과였다. 조선 이민자들은 대부분 하루 종일 막노동을 하고 3달러 안팎의 임금을 받는 영세한 생활을 했다.

서재필은 국내에서 《독립신문》을 발간할 때처럼 무슨 일을 맡으면 충실하게 해내는, 책임의식이 대단히 강한 인물이었다. 필라델피아 한국통신부는 1919년 4월 22일에 정식으로 문을 열었다. 부장은 서재필이 맡고 서기는 서재필과 박영로가 맡았으며, 사무원으로 미국인 체스터를 고용했다.

한국통신부는 적은 인원으로 많은 일을 했다. 일제의 야만성을 폭로하고, 한국의 독립을 위해 연설이나 언론 홍보를 하고, 미국인들의 친한親韓 단체 결성을 지원하고, 각지의 유력 인사들을 상대로 '한국친우회'를 조직하는 등 바쁘게 움직였다. 서재필은 급여는 받지 않고 여비 등 공적인 활동비만 받으면서 한국통신부 활동에 헌신했다.

한국통신부는 또한 한국 유학생들이 발행해온 영문 잡지를 인수하여 《코리아 리뷰Korea Review》라는 이름으로 매월 3,000부를 발행하여 미국 전역의 주요 기관과 언론, 단체 등에 배포했다. 수준 높은 영문 잡지를 만들어 미국 조야에 여론을 일으키려던 서재필의 오랜 꿈이 실현된 셈이다.

잡지 발행 초기에는 대한인국민회의 지원을 받았는데, 1919년 10월부터는 이승만이 워싱턴에 세운 구미위원부로부터 매달 800달러 정도를 지원받았다. 교포들의 애국헌금 수합 문제로 대한인국민회와 구미위원부 사이에 갈등이 빚어지면서 이후 한국통신부의 재정적 지원은 구미위원부가 맡게 되었다.

한국통신부를 운영하는 일은 쉽지 않았다. 서재필은 당시의 심경을 「대한민족 남녀들께」라는 통고문에 담았다.

통신부가 설치되고 그 필요한 경비는 백성들이 내기로 담보하며 나의 제일 좋은 의견대로 행하라고 나에게 맡기는지라. 내가 이것을 맡을 때 두 가지 이유가 있으니,

첫째, 우리 민족의 속박된 것을 벗어 면할 자유를 얻으려고 한국에서 백성들이 목숨을 내려놓으며 피를 흘리는 이때 내가 능히 조금이라도 할 것은, 나의 상업상의 이익이 덜 일더라도 나의 시간의 한 부분을 이 일에 들이겠다는 생각이 났으며,

둘째, 나는 첫 번 한국의 자유와 정치개혁을 위해 모든 것을 다 희생하던 자들 중의 한 사람이라. 대한 백성들이 나의 복귀를 요구하는 이때 그 같은 일을 위하여 나의 힘과 지식을 내겠다는 생각이 났소이다.

우리들이 한국에 돌아가서 우리 원수와 능히 싸우지는 못하더라도 미국에서 우리가 정하여 놓은 계획을 가지고 능히 싸울 수 있도록, 내가 우리 백성들의 명령을 맡아 일을 시작했소이다.[3]

등불처럼 번진 '한국친우회'

서재필은 3·1 혁명 이후 미국에서 누구보다 치열하고 열정적으로 조국의 독립운동에 매진했다. 한국통신부를 근거지로 삼아 벌인 활동 중의 하나는 '한국친우회League of The Friends of Korea' 결성이다. 제1차 한인회의 둘째 날에 결의된 사안을 한국통신부에 위임하여 서재필이 그 결성을 진행했다.

3·1 혁명을 계기로 한국인의 독립 열망과 일제의 만행을 미국인들에게 널리 알리고, 친한 외국인들을 모아 단체를 설립하여 한국에 대한 동정여론을 만들고 미국 정부의 압력단체로 활용하기 위해서였다.

서재필은 1919년 5월 15일에 필라델피아 시티클럽에서 미국의 저명인사 22명을 초청하여 발기모임을 가졌다. 이 자리에는 톰킨스 목사, 베네딕트 기자, 밀러 교수 등이 적극적으로 참여했다. 이들은 한국친우회의 이사진으로 활동했다.

한국친우회의 설립 목적은 다음과 같다. ① 기독교와 자유독립국가를 위해 고통받고 있는 한국 민족에게 미국민의 동정과 지원을 보낸다. ② 한국 민족이 지금까지 받아온 일제의 학정과 부당한 대우가 가능한 더 이상 재발되지 않도록 미국민의 도덕적 영향력과 호의적인 조정을 다한다. ③ 한국에 관한 진실한 정보를 미국민들에게 알린다. ④ 세계 모든 민족과의 우정과 사랑 그리고 영원한 평화를 증진시키며 하나님의 법이 온 세계에 수립되도록 돕는다.

미국은 기독교 국가였기에 모임의 목적에도 기독교적인 내용이 많이 담겼다. 서재필은 갑신정변이 실패하면서 어쩔 수 없이 택했던 1차 망명 시절에 기독교를 신앙하게 되었다.

비서 역할을 했던 임창영은 서재필이 기독교를 받아들인 것을 다음과 같이 말했다.

서재필은 얼마 안 가서 영어 이상의 것을 배웠으니, 그것은 그 자신이 기독교를 받아들였던 것이다. 그에게는 예수 그리스도가 선지자들 말대로 하느님의 아들이기 때문이라는 이유보다는, 하느님이 이 세상에 육신으로 오셨다면 그렇게 사셨을 것과 같은 방식으로 예수가 사셨기 때문에 그를 신적인 존재로 생각했다.

또한 서재필이 예수를 존경한 것은 성경의 가르침 때문이 아니라, 여러 가지 애매한 점과 모순들이 있는 데로 그 자신의 체험을 통해, 예수가 길이라는 사실을 확인했기 때문이다. 다시 말해서 하느님에 대한 그의 관념은 그의 인애사상, 그 자신은 물론 인간의 안녕과 복지를 도모하려는 그의 열망, 그리고 자기 힘만으로는 그 의무를 다 수행할 수 없다는 인식 등에서 생겨난 것이었다.

그런 의미에서 그는 언젠가 자신이 이 자연 세계를 초탈하고 그 무엇인가에 도달해보고 싶은 강력한 충동을 받고 교회로 나간 것이 바로 이런 이유였다는 사실을 분명히 깨닫는다. 그리고 그가 죽느냐 사느냐의 갈림길에서 싸울 때, 자기 생명은 자기 이상의 것이라는 믿음으로 말미암아 자결을 단념했고, "나는 포도나무요 너희는 가지니, 저가 내 안에 내가 저 안에 있으면 이 사람은 과실을 많이 맺나니 (…)"라고 한 예수의 가르침을 발견하고 기독교인으로서 새 생명을 맞이했던 것이다.[4]

한국친우회는 기독교 신앙과 다재다능한 식견과 온후한 인품을 겸비한 서재필의 노력으로 미국의 각계 인사들과 폭넓은 교우관계를 맺고, 이들을 조직으로 끌어모았다. 그는 한국친우회가 성공하여 100만 이상의 회원을 얻으면, 사람의 힘과 금전의 힘을 함께 얻어 원하는 일, 즉 한국의 독립운동을 하고자 했다.

한국친우회는 한국통신부나 구미위원부 등의 재정적 지원을 받지 않고 회비와 의연금 등의 수입으로 운영되었다. 한국친우회는 필라델피아를 시작으로 미국의 21개 지역에서 결성되고 영국과 프랑스에서도 결성되었으며, 총 회원 2만 5,000여 명을 확보했다.

서재필이 1919년 4월 29일에 국민회 북미총회장 백일규에게 보낸 편지에서 한국친우회 조직의 의미를 살펴볼 수 있다. 그는 미국인들을 움직여 미국 정부가 대한민국 임시정부를 승인하고 돕도록 하고자 했다.

우리들을 위하여 동정과 도덕적 원조를 지원하는 백인 친구들을 등록할지니, 그리하면 미국 국민 가운데 장차 우리 조국의 자유를 회복하는 데 일하며, 또 우리와 같이 일할 견고한 단체가 있어질지라. (…) 우리는 이제부터 마땅히 전력을 다하여 통일적이고 조직적으로 우리 외교를 진행하여, 일반 미국인의 동정을 일으킬 뿐만 아니라 나중에는 우리가 조직하는 미국인의 유력한 기관으로부터 자기 정부에게 대한공화국 임시정부를 승인하고 찬조하라고 권고하게 할지라.[5]

한국친우회는 1919년 6월 6일에 워싱턴에서 집회를 열고 서재필과 그린피스 박사, 톰킨스 목사, 밀러 교수 등이 연사로 나서서 일본의 야만성과 반기독교적인 만행을 폭로했다. 이후 여러 지역을 돌며 집회를 열었다. 1920년 5월 23일 필라델피아 집회에서는 셸던 스펜서 연방상원의원이 연사로 나서 한국의 독립을 지지하고 일제의 식민통치를 비판하는 연설을 했다. 스펜서 상원의원은 연방의회에 한국 문제를 처음으로 언급한 사람이기도 하다.

미국 사회에 들불처럼 번지던 한국친우회는 일본이 미국 정부에 압력을 넣고, 워싱턴 회의 이후 국제질서가 현상유지 쪽으로 고착된 데다가, 1922년 2월에 서재필이 활동을 중지하면서 침체기에 접어들었다.

이승만의 '구미위원부'에 참여

서재필이 필라델피아를 중심으로 항일독립운동을 전개하고 있을 즈음 이승만은 워싱턴에 구미위원부를 설치했다. 1919년 8월이었다. 이승만은 상하이임시정부 초대 국무총리, 한성임시정부의 집정관총재 등으로 추대된 상태였다.

이승만은 워싱턴에 임시대통령 공관과 위원부 사무소를 개설하고, 구미 열강을 상대로 효과적인 외교활동을 하기 위해서는 안정된 자금확보가 중요하다는 명분으로 미주 교민들로부터 송금된 재정수합권을 장악했다. 이로 인해 기존의 대한인국민회 그리고 상하이임시정부와 마찰을 빚었다. 이승만은 서재필이 책임자로 있는 한국통신부와 김규식이 파리강화회의에 참석했다가 파리에 설치한 한국대표부를 구미위원부의 산하기관으로 만들었다.

김규식, 현순, 서재필이 차례로 구미위원부의 위원장 또는 임시위원장으로 선임되어 활동했다. 이승만은 별도로 집정관총재 공관을 두고 '대통령'으로 행세하면서 유학생 임병직을 비서로, 한국에서 선교활동을 했던 H. B. 헐버트와 미국 성서공회 선교사 S. A. 벡을 선전원으로 채용했다.

이승만은 구미위원부를 설립하고 이끌면서 독선적인 모습을 보였다. 특히 재미교포들로부터 모은 독립성금을 둘러싸고 기존 기관들과 갈등을 빚고 대립했다. 재미교포들이 보내온 성금 중 15% 정도만 상하이임시정부에 송금하고 나머지는 대부분 구미위원부에서 사용했다. 그나마 이승만이 임시정부에서 탄핵된 뒤부터는 송금을 중단시켰다.

이승만은 서재필이 배재학당에서 가르친 제자이고, 독립협회에서도 서재필의 지도를 받았던 처지였다. 그런데 이런 서재필과의

워싱턴 회의 참석에 나선 이승만과
서재필(오른쪽).

관계도 원만하지 않았다.

　필라델피아에서 열렸던 제1차 한인회의에서 이승만과 두 명의
위원을 임명하여 「한국 국민이 미국 국민에게 보내는 호소문」을 기
초케 했는데, 호소문의 내용을 두고 이승만은 서재필과 대립한다.
서재필과 이승만의 개성을 잘 보여주는 대목이다.

　　이승만이 자기 위원회가 기초한 호소문을 낭독했을 때 의장인 서
　　재필은 "여러분은 이승만 박사가 낭독한 '미국에 보내는 호소'를 들
　　으셨습니다. 본 회의는 어느 대의원이고 이 문제에 대해 발언하고
　　싶으신 분으로부터 이 호소문에 대한 더 구체적인 의견을 듣고자 합

니다" 하여 토론을 개시하고자 하자, 이승만은 "의장님! 나는 그 결의안 내용에서 어떠한 변경도 가할 필요가 전혀 없다고 믿고 있습니다. 나의 결의안이 낭독된 대로 채택돼야 한다고 생각하며, 그 실행을 동의하고자 합니다"라고 하면서 토론을 하지 못하도록 주장하고 나섰다.

이에 의장인 서재필은 "신사 여러분, 이곳은 민주주의입니다. 민중의 의견을 듣지 않고서는 여러분은 어떠한 중요한 행동도 취하여서는 안 됩니다. 우리들은 자기들의 민중을 대표하는 이 의회의 의견을 얻고자 하는 것입니다. 이곳은 옛날의 한국이 아닙니다. 이곳은 새로운 한국입니다. 우리는 민중의 의사에 의해서 현재 참여한 사람의 다수에 의해서 해나가고자 합니다. 언론은 자유이며, 출판도 자유입니다. 그리고 그것은 우리가 이 나라에서 향유하는 축복의 하나인 것입니다"라고 하며 책망 조로 타일렀다.[6]

서재필은 비록 예전의 제자이지만 조국 독립을 위해서는 기꺼이 이승만이 설립한 구미위원부에 참여하여 일정한 역할을 했다. 그러나 이승만은 실체도 분명하지 않았던 한성임시정부가 추대한 집정관총재를 내세워 대통령으로 행세하면서 모든 독립운동가들 위에 군림하려는 태도를 보였다.

그러다가 1925년에 이승만이 상하이임시정부로부터 탄핵을 당하게 되자 구미위원부도 해산명령을 받았다. 상하이임시정부는 이승만이 주도한 구미위원부의 폐지령을 공포하면서 그 이유를 다음

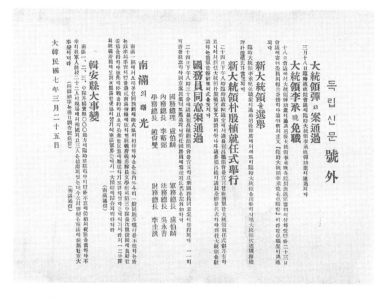

1925년 3월 25일 자 《독립신문》 호외. '대통령 탄핵안 통과'라는 제목 아래 "3월 18일 임시의정원 회의에 임시대통령 이승만 탄핵안이 통과되다"라고 적혀 있다. 호외에는 임시정부와 임시의정원이 이승만을 탄핵하고 면직시킨 것, 박은식이 임시대통령으로 선출되고 취임식을 거행한 내용 등이 실렸다.

과 같이 제시했다. 첫째는 구미위원부가 국무회의 결의나 임시의 정원의 동의 절차를 밟지 않은 불법기관이고, 둘째는 임시정부 재정수입을 방해하고, 외교활동에 실패했으며, 셋째는 교포사회의 분열시키고 당파적 행동을 한다는 것이었다.

그러나 이승만은 한성임시정부의 법통을 내세워 대통령직 파면과 구미위원부 해산명령을 수용하지 않고 소수의 지지자와 함께 구미위원부를 존속시켰다. 서재필 등은 상하이임시정부의 이승만 탄핵을 계기로 구미위원부에서 손을 뗐다. 이승만은 비슷한 시기에 미국에서 독립운동을 전개한 안창호와도 불화했다.

9. 워싱턴 회의에 진력하다

워싱턴 회의에 적극 나서다

수천만 명이 죽거나 다치는 끔찍한 피해를 낳은 1차 세계대전이 끝났다. 그러나 전투는 종결되었지만 전쟁은 계속되었다. 전쟁에서 승리한 연합국끼리의 패권경쟁이 치열했기 때문이다. 제국주의는 팽창을 본질로 한다. 이 시기에 독일은 패전국으로서 힘을 잃었고, 러시아는 볼셰비키 혁명이 일어나 밖으로 눈을 돌릴 상황이 아니었다. 문제는 청일전쟁과 러일전쟁에서 승리하고, 한국을 병탄하면서 국제적으로 힘을 과시해온 일본이었다.

일본은 1차 세계대전에서 독일이 패망하자 독일이 차지했던 중국의 조차지와 이권을 획득하고자 21개 조항을 들어 중국을 위협함으로써 중국의 거센 반발을 불러일으켰다. 1차 세계대전은 끝났으나 태평양 지역에서 새로운 분란이 태동했다.

이와 같은 상황에서 미국의 워런 G. 하딩 대통령이 워싱턴 회의 Washington Conference, 워싱턴 군축회의를 제안했다. 태평양 지역의 제반 현안 문제, 특히 군비제한을 위한 회담을 하자는 내용이다. 여기에는 연합국들이 모여서 급속도로 팽창하는 일본의 침략정책을 봉쇄하는 방안을 마련하려는 의도가 깔려 있었다.

이런 소식은 서재필에게 '빅뉴스'였다. 국내외의 독립운동가들에게도 마찬가지였다. 파리에서 열린 파리강화회의에는 여권 문제 등으로 참석이 어려웠으나 워싱턴에서 열리는 군축회의에는 쉽게 참석이 가능할 수 있다고 내다본 서재필은 준비를 서둘렀다.

워싱턴 회의는 1921년 11월 12일부터 미국, 영국, 프랑스, 이탈리아, 중국, 벨기에, 네덜란드, 포르투갈 등 9개국이 참석하여 극동 문제도 논의할 것으로 전해졌다. 서재필이 워싱턴 회의에 고무된 것은 하딩이 대통령으로 취임하기 전에 만난 적이 있고, 국무장관으로 내정된 휴스를 만나서 한국 문제를 이야기한 바가 있었기 때문이다.

서재필은 하딩 대통령이 취임하기 전에 그러니까 선거가 있었던 11월부터 취임식이 있었던 1월 사이에 하딩을 만난 바 있었고, 또 그의 국무장관으로 내정된 휴스Charles Evan Hughes를 만나서 한국 문제를 이야기한 바 있다고 한다. 서재필을 만나서 『서재필 박사 자서전』을 기술한 김도태에 의하면, 이 면담은 네브래스카주 출신의 노리스 상원의원의 소개에 의해 이룩된 것이라고 하는데, 사유인즉 이렇다.

하딩은 1915년부터 대통령으로 취임한 1921년까지 상원의원으로 있었고, 또 외교 분과위원으로 있었는데 앞서 지적한 바와 같이 노리스 의원과 다른 의원들이 3·1 운동 후에 상원에서 여러 번 한국을 지지하는 연설을 했으므로 한국 문제에 대해 아는 바가 있었다고 한다.

따라서 그가 대통령으로 당선된 후에 노리스 의원을 통해 서재필이 면담을 청하자 응하여 주었으며, 그는 또 국무장관으로 내정된 휴스(당시의 대법원 판사)를 만나게 했다는 것이다.[1]

서재필은 이와 같은 연고도 있어서 워싱턴 회의에 큰 기대를 걸었다. 그는 상하이 대한민국 임시정부 재무총장 이시영에게 서신을 보내어 이런 소식을 전한다.

연하여 교하教下는 귀하께 미국에서 만국평의회를 소집하여 영·프·이·일 및 중국까지 청한 것을 말씀코자 하나이다. 그 주의는 만일 태평양에 대하여 관계 있는 열강이 현재 형편을 계속하면 불구不久에 위험함이 미국과 태평양과 관계되는 나라 사이에 있겠음으로 각국 대표자를 모아 각종 문제를 토의하고 공평한 결국을 지어 장래 전쟁을 면하고자 함이외다.

이 평의회에서 한국의 생사도 작정할 터인데 어떠한 정책을 한국에 대하여 쓰기로 작정하든지 5대 강국은 그대로 시행할 터인즉 만일 한국에게 독립을 주기로 작정하면 6대 강국이 보증할 것이며 불행히 한국을 일본 밑에 여전히 두면 그 정책도 또한 6대 강국에서 직행할 터이올시다.

그런즉 귀하께서는 이 기회가 우리에게 긴요하고도 긴급한 경각인 것을 확신할 줄 믿나이다. 만일 국내에나 해외에 유하는 동포들이 이 기회가 어떻게 긴급한 것을 깨닫고 구국하기를 위하여 힘쓰면 좋은 결과를 얻을 수 있거니와 과거에 행한 바와 같이 어린아이의 행동을 하거나 입을 봉하고 가만히 있으면 후일에는 이 같은 기회를 다시 만나지 못하겠나이다.[2]

서재필의 서신을 받은 상하이임시정부는 즉각 국무회의를 열어 외무총장 겸 법무총장 신규식의 명의로 답전을 보내왔다. "금번 미국 대통령 하딩이 제창한 태평양 회의에 우리나라는 참석할 것과 우리나라에 대한 제반 중요사항에 대하여 처치와 행동을 취함을 귀 위원부에 일체 위임하기로 국무회의에서 결정되었기에 이에 통지함."[3] 여기서 '위원부'는 이승만이 설립하고 서재필도 참여한 구미위원부를 말한다.

상하이임시정부의 재무총장 이시영은 1921년 8월 15일에 국무위원 일동 명의로 된 「임시정부 포고문」(제2호)에서 이번의 워싱턴 회의는 "우리에게도 절실하고 중대한 생사의 문제"임을 강조하고, 기관지 ≪독립신문≫은 논설에서 극동 문제는 일본의 한국 병탄에서 비롯된 만큼 한국 문제에 대한 근본적인 해결 없이는 이 지역에서 항구적인 평화도 있을 수 없다고 지적하면서 '동양의 발칸'인 한국 문제를 당연히 다루어야 한다고 역설했다. 상하이임시정부는 그만큼 워싱턴 회의에 관심이 많았다.

미국 등 열강들의 외면

상하이임시정부로부터 전권을 위임받은 구미위원부는 한국대표단을 구성했다. 단장은 임시정부 대통령 이승만이 맡고, 부단장은 서재필이, 서기는 정한경이 맡았다. 구미위원부의 법률고문인 돌프, 콜로라도 주지사와 상원의원을 역임한 토머스가 각각 고문과 특별고문 자격으로 대표단에 합류했다. 서재필은 거액을 주고 이들을 고용했다.

서재필은 이상재의 주도로 국내 각계각층의 인사 372명의 연서로 보내온 「한국 인민이 태평양 회의에 보내는 글」을 휴스 국무장관을 통해 군축회의에 전달하려 했다. 그러나 미국 정부는 이를 거절했다. 한국은 현재 국제법상의 지위를 보유하고 있지 않고, 1905년 이후 미국과의 외교도 단절되었기 때문이라는 게 이유였다.

서재필은 한국 대표가 회의에 출석하거나, 아니면 한국 문제를 의제로 상정해줄 것을 거듭 요청했다. 그러나 이 역시 모두 거절되었다. 일본 측의 방해 공작과 열강들의 이해관계 때문이었다. 미국은 일본을 자극할 수 있는 한국 문제를 의제로 다루는 것을 거부했

구미위원부 앞에 선 워싱턴 회의 한국
대표단(앞줄 왼쪽부터 이승만, 비서 매이본, 법률
고문 돌프, 뒷줄 왼쪽부터 서재필, 정한경).

다. 국내에서 워싱턴 회의에 보낸 문서는 다음과 같다(요지).

　　금년 11월 11일에 워싱턴에서 열리는 태평양 회의는 정의 인도에
의하여 세계 평화를 옹호하고 민족 공존을 이룩하려 함이라. 우리
한국 인민은 이를 열성으로 환영하는 동시에 우리들은 세계 각국이
우리 한국 정부위원의 출석을 용인하기를 간곡히 원하노라.

　　여기에 우리는 일본의 한국합병을 부인하는 동시에 재상해在上海
한국 정부를 완전한 한국의 정부로 성명하고 이에 따라 열국에 향하
야 우리 한국이 파견하는 위원이 출석권을 요구하고 동시에 열국이
일본의 무력정책을 방지하야 세계의 평화와 한국의 독립 자유를 위
하야 노력하기를 기원하노라.[4]

미국과 열강은 냉담하게 반응했으나 서재필과 한국대표단은『한국적요韓國摘要』, 왜 한국이 독립해야 하는가라는 국제법상의 이유와 일제의 만행 등을 적시하는 방대한 자료집을 제작하여 회의에 참가한 대표들에게 보냈다. 또 국내외에서 보내온 각종 자료를 모아 보냈으나 수용된 것은 하나도 없었다. 철저한 힘의 논리만이 판치는 열강사회의 한 측면을 여실히 보여주었다.

1922년 2월 6일, 한국 문제를 외면한 채 워싱턴 회의는 끝났다. 며칠 뒤 서재필은 참담한 심경으로 경과보고서를 작성하여 동포들에게 발표했다.

군비감축과 원동遠東 문제에 대한 열강회의는 2월 6일에 폐회한 바, 국내와 해외 한인들은 이 회의에서 한국 문제를 제출하지 않음을 인하여 심히 실망했을 것이요, 본인도 역시 실망을 느끼는 바이다. 그러면 금번 회의에 한국을 위하여 성취한 것이 무엇이며 또 장래의 희망은 어떠한지 알아보는 것도 흥미 있는 문제다. 이를 열거하건대,

1) 우리 대표단이 제출한 청원서와 본인의 연설과 각 신문상에 게재한 논설과 평론 등으로 인하여 미국 정부는 물론이요 기타 열방列邦 대표자까지도 한국 문제를 이해하게 되었고,

2) 우리의 제반 사실을 발표할 때에 그 태도의 정당함과 수완의 민첩함은 전 세계를 통하여 동정하는 사람을 많이 얻었을 뿐만 아니라 일본 대표까지도 칭찬하야 마지않았고,

3) 한국을 공식으로는 토의한 바 없었으나 비밀회의에서는 여러 번 논의했고, 이로 인하야 열방 대표들은 현금 한국에서 발생한 독립운동이 결단코 약간의 선동자들의 소위所爲가 아니요 진정한 전 국민의 운동임을 양해했으니 이에 대하여는 이번에 국내에서 다수 인사들이 서명하여 보낸 청원서가 가장 유력했다.[5]

서재필은 이 보고서에서 '비밀회의'에서 한국 문제를 여러 번 논의했다고 했으나 확인된 바는 없다. 한민족이 큰 기대를 걸었던 워싱턴 회의가 아무런 성과 없이 마무리되자 서재필은 말할 수 없는 낭패감에 빠졌다. 독립운동가 대부분이 같은 심정이었다.

독립운동가들은 1922년 러시아 모스크바에서 열린 극동인민대표대회極東人民代表大會에 대거 참가했다. 극동인민대표대회는 볼셰비키 혁명에 성공한 러시아가 워싱턴 회의에 맞대응해서 개최한 대회로, 동아시아 각국 공산당 및 민족혁명단체의 연석회의였다. 극동피압박민족대회, 극동민족대회, 극동무산자대회 등으로도 불린 이 회의는 1922년 1월 21일부터 2월 2일까지 개최되었다.

극동인민대표대회에는 9개국에서 144명이 참가했다. 그중 한국인은 50여 명으로 그 수가 가장 많았다. 의장단에는 김규식과 여운형이 선출되었다. 워싱턴 회의와 달리 이 대회에서는 한국의 독립을 지지했다.

워싱턴 회의에 기대했다가 실망한 독립운동가들은 미국과 유럽 국가들에 기대했던 외교 노선을 러시아 쪽으로 바꾸게 된다. 국내의 민족주의 진영 내부에는 일본과 타협을 모색하는 민족개량주의 노선과 신흥 러시아의 사회주의 노선에 기대려는 세력이 늘었다.

서재필은 이후 독립운동 일선에서 물러나 긴 침체기에 들어간다. 그동안 독립운동에 전념하느라 사업은 기울어지고 가족은 생활이 어려워진 상태였다.

> 3년 가까이 이 운동에 나의 시간과 재산을 모조리 바쳤다. 그리하여 나는 사실상 파산되고 말았다. 무일푼이 된 나는 이제 가족의 부양을 위해서 다시 무슨 일이든 하지 않을 수 없게 되었다. 다시 사업을 경영하려고 해도 자본이 없었다. 유일한 방도는 한 번 더 의학을 연구하여 학문과 기술이 모두 시대에 뒤떨어지지 않게 하는 길이었다.[6]

독립운동에 재산 모두 날려

서재필은 나설 때와 물러설 때를 분명히 하고, 어떤 자리에도 연연하지 않았다. 조국의 독립을 위한 일이라면 위치의 높고 낮음을 가리지 않았다. 제자였던 이승만이 설립한 구미위원부에서는 위원장을 맡았고, 임시정부가 워싱턴 회의에 파송한 대표단에서는 이승만이 대표를 맡고 자신은 부대표가 되어도 성실하게 임무를 다했다. 생업도 뒷전으로 미룬 채 독립운동에 헌신했다.

그런데 국제 역학 관계는 여전히 힘에 의해 움직였다. 일단 휴지기를 갖기로 했다. 서재필은 ≪신한민보≫에 구미위원장 사임의 변을 실어 동포들에게 알렸다. 서재필의 절절한 심경이 잘 드러나 있다.

여러분이 아시는 바와 같이 지난봄 내가 구미위원장 직임을 맡은 것은 다만 그 위태한 경우에는 이를 구하여내어 유지코자 함이오. 또 이승만 박사가 미국에 도착하는 것을 기다려 즉시 사직하리라고 당시에 성명한 바라. 그러나 이 박사는 가을까지 돌아오지 아니하고 돌아온 때는 열강회의가 또한 임박한지라, 그런 중대한 문제가 앞에 당한 때에 구미위원부를 떠날 수 없으므로 나는 회의가 마치기까지 그대로 시무하기로 했나이다. 그리하여 회의하는 동안에 나는 나의 힘과 정성을 다하여 할 것을 다하여 보았으며, 나의 목적했던 것은 달하지 못했으나, 장래의 성공을 위하여 다소간 결과가 있게 된 것은 실로 만족하여 하는 바입니다.

이제는 나의 시간과 빈한한 살림을 더 희생하지 않고 물러갈 시기가 온 줄로 믿습니다. 나는 나의 개인상 사정을 남에게 말하기를 즐겨 하지 아니하며 또한 여러분이 대강 짐작하여주실 줄 알므로 길게 말씀하지 않고저 하나, 나는 1919년 5월 이후로 실로 우리 대사를 위하여 적잖은 희생을 제공했습니다.

만일 이대로 언제까지든지 나아갈진대 사업과 가사는 전혀 낭패에 돌아갈 수밖에 없을지니 그러므로 이제부터는 이 운동에 관하여 공식으로 참가하지 않기로 작정했으며, 또 일을 계속할 만한 재원이 없으므로 그간 발행하던 ≪코리아 리뷰≫와 연설 및 각처에 있는 한국친우회 사업은 무슨 예기치 못했던 사건이 생기지 않는 동안에는 모두 정지하려 합니다.

구미위원부는 장래 어찌할지 나는 모르나 이 기관은 될 수 있는 대로 유지하여 가기를 바라며 특히 돌프 씨의 지도 아래 있는 법무국은 과거에 한인에 대한 공적이 대대할 뿐 아니라, 그 경비도 많지 아니하니 유지하는 것이 필요한 줄로 압니다. 현재 계획으로는 모든 일을 오는 4월 1일이나, 늦더라도 5월 1일 전으로 마치려 하며 마치는 때에도 순서 있게 잘 하려고 합니다. [7]

서재필은 독립운동에 뛰어들기 전에 8만 달러 정도의 재산이 있었다. 그런데 3년여 동안 독립운동을 하면서 그 재산은 대부분 소진됐다. 워싱턴의 사업도 남의 손으로 넘어가고 말았다. 남은 것이라고는 집 한 채뿐이었다. 그러나 그 집도 은행에 넘어갈 처지였는데, 이름을 밝히지 않은 이들의 도움으로 위기를 넘겼다.

그 집마저도 저당을 잡혀야 할 처지에 놓여 있었다는 것이다. 왜냐하면 독립운동을 위한 자금이 달리게 되자 장차 교포들 간에서 독립자금을 모집하여 반환할 계획으로 서재필이 은행에서 많은 돈을 대출했는데, 모금운동이 뜻대로 되지를 않게 되자 서재필은 그 돈을 반환할 채무를 지게 된 것이었다.

그런데 하루는 뜻하지 않던 기적이 일어났다고 한다. 사연인즉, 어떤 익명의 미국 사람이 액면 9,900달러의 수표를 보내왔다는 것이다. 이름도 밝히지 않은 그 사람은 "이 돈은 한국에 있는 한국 사람들이 당신이 워싱턴 회의에서 쓸 경비를 위해 비밀히 보내는 것"이라고만 전해왔다는 것이다. 아마도 국내의 독립지사들이 비밀리에 모금을 하여 선교사 계통을 보내온 것이었을 것이다.[8]

서재필은 항일전선을 떠나 생업전선으로 돌아갔다. 그러나 그의 마음속에는 하루도 조국의 참상이 지워지지 않았다.

10. 항일전선에서 생업전선으로

생업 차리고도 관심은 고국에

서재필은 혁명가였다. 번번이 실패한 혁명가였다. 첫 번째 혁명
은 갑신정변1884이었다. 삼일천하로 끝나며 실패했다. 두 번째는
독립협회1896~1899 활동이었으나 수구 세력의 핍박으로 역시 성공
하지 못했다. 세 번째는 워싱턴 회의1921~22에서 한국의 문제를 논
의하는 것이었으나, 열강들의 일본 식민통치 묵인과 한국 독립 문
제에 대한 무관심 등으로 별다른 성과를 얻지 못했다. 첫 번째와
두 번째는 외세와 국내의 완고한 왕권·수구 세력에 밀리고, 세 번
째는 제국주의 열강의 벽을 뚫지 못했다. 물론 하나같이 쉬운 상대
가 아니었다.

그는 혁명에서는 실패했을지 몰라도 한국(문제)을 한 단계 진보·

발전시키는 데에는 성공했다. 갑신정변은 갑오개혁 등으로, 독립협회는 만민공동회 등으로 이어지면서 개화의 물꼬를 텄다. 열강을 상대로 하는 외교활동에는 역부족이었으나 한국 문제를 국제사회에 제기하는 데에는 큰 역할을 했다. 역사상 혁명에 성공하는 혁명가는 흔치 않다.

서재필은 워싱턴 회의 이후 항일운동에서 손을 떼고 '일반 시민'의 위치로 돌아왔다. 나이도 어느덧 60대가 되었다. 무직자로서 가족의 생계를 책임져야 했다. 그가 독립운동에 매진하는 사이에 둘째 딸이 태어나 부양가족은 늘었다.

이 시기에 서재필 식구들은 끼니를 걱정할 정도로 생계가 어려웠다. 연금도 퇴직금도 없는 처지였기에 생활이 어려울 수밖에 없었다. 다른 사람들은 은퇴할 나이에 서재필은 새로운 직업을 찾았다. 잘되던 문방구 겸 인쇄업은 그동안 '주인 없는 공사'가 되어 문을 닫았다.

1925년 4월, 서재필은 유일한_{뒷날 유한양행 설립자}과 유한주식회사를 설립했다. 자신이 사장을 맡고 유일한이 부사장을 맡았다. 회사는 중국산 천을 사용한 직물제품을 수입해서 판매했다.

서재필은 몸은 비록 전선을 떠났으나 마음은 언제나 조국의 독립과 근대화에 머물러 있었다. 혁명가의 피할 수 없는 숙명이었다. 이 무렵 유학생들로부터 서울에서 ≪신민新民≫이라는 잡지가 발행된다는 소식을 듣고, 1925년 8월에 「사회 교화로 본 신민의 사명」이라는 글을 써서 보냈다. 이 글은 그해 10월호에 실렸다.

총독부의 검열을 받고 나오는 국내 잡지에 평생을 두고 추구해 온 개화사상이나 독립정신을 쓸 수는 없었다. 그래서 가정교육과 학교교육, 사회교육의 중요성을 다룬 내용을 썼다. 우리 민족이 우수하나 교육을 받지 못해 남의 발밑에 밟히는 것이고, 우리의 현재 처지를 벗어나는 길은 오로지 교육에 달려 있다고 강조한다.

우리 민족은 그 본질로 보아서는 세계의 어느 우수한 민족에 비하여도 결코 손색이 없는 민족이다. 이렇게 말하면 듣는 사람은 '왜 우리는 이렇게도 약하고 가난하고 지혜가 적고 무엇을 이용할 줄도 모르느냐'고 할 것이다. 이것은 사실이다. 그러나 이것은 우리 민족의 본질적 문제가 아니요, 다만 교육의 차이일 것이다.

즉 그들은 어려서부터 소, 중, 대학小, 中, 大學의 순서 있는 교육을 받아서 풍부한 지식을 가졌고, 우리들은 대부분이 무지몽매한 형제가 되어서 사물의 옳은 길正路을 고르지 못하고 허둥지둥하다가 항상 남의 발밑에 밟히게 되는 것이다.

사람에 대한 지식의 필요를 다시 말할 어리석은 자가 없는 동시에 우리들의 현재의 처지를 벗어남에는 오직 교육, 그 교육으로 인한 많은 지식을 흡수함에 있다 함도 새삼스럽게 말할 필요가 없을 줄 안다.[1]

1926년 4월 25일, 조선의 마지막 왕이자 대한제국의 제2대 황제이기도 했던 망국의 군주 순종이 서거했다. 일제는 1907년 헤이그

특사 사건을 빌미로 왕이었던 고종을 강제로 퇴위시키고 왕세자 순종을 왕위에 올렸다. 순종은 경술국치 후 이왕李王으로 격하되어 창덕궁에 유폐된 채 생을 이어오다가 이날 승하했다.

순종의 승하 소식을 들은 서재필은 다시 펜을 들었다. "회갑을 갓 지난 늙은 망명객 서재필이 조선 500년의 최종 후예인 순종의 서거라는 역사의 분기점에 서서, 자기와 자기 조국의 과거를 회상하고 주어진 상황하에서 조국은 어떻게 하여야 그 참담한 처지를 면할 수 있을 것인가 하여 심혈을 기울인 글"[2]이다.

장문의 이 논설은 1920년대 서재필의 심경과 '한국관'의 일면을 살펴볼 수 있는 글이다. 그 내용 중 일부분을 소개한다.

"국가란 것은 다른 어떠한 조직체에서나 마찬가지의 기능을 하는 대규모의 조직이라 하겠습니다. 그러므로 이것은 그 국민 최대다수의 행복을 도모하여 거기 적의適宜한—즉 민족이, 적어도 그 국민 대다수의 신임과 도덕적, 물질적 후원을 배경한 정치를 세우지 않으면 안 될 것이라 생각합니다."

"조선이란 나라의 재래 정치는 도무지 국민의 복지를 돌아본 정치가 아니었습니다. 그것은 마치 옛날 노예 소유자 시대에 실시되었던 수단 방법과 비슷합니다. 모든 이익은 소유자에게로, 모든 불리는 노복奴僕에게로라는 격이었습니다."

"이러한 수단 방법을 쓰는 국가나 사회가 지속하지 못한다는 것은 열 번, 스무 번 증명된 사실입니다. 통치자는 서민을 위하여 노력하고, 서민들은 자기네의 군주君主에게 충성하여야 할 것입니다. 통치자와 피통치자 사이에 사랑과 공정과 충성이 적었기 때문에 나라는 종국 파멸되고 만 것입니다."[3]

폐결핵 감염과 동포들의 성금

혁명가가 차린 사업이 제대로 되기란 쉽지 않다. 더욱이 공황의 전 단계로 접어든 미국 사회는 경기가 어려워지고 경쟁도 치열했다. 여전히 인종차별도 심하여 사업이 제대로 굴러가지 않았다.

서재필은 고국의 속담을 떠올렸다. 송충이는 솔잎을 먹고 살아야 한다. 자신이 잘할 수 있는 일은 무엇일지 고민했다. 고민은 오래가지 않았다. 서재필의 전공은 의학 분야였기 때문이다.

1926년 9월, 필라델피아 시내에 있는 펜실베이니아 대학교 의학부에 특별학생으로 등록했다. 이때 서재필의 나이는 62세였다. 환갑이 지난 나이에 다시 학생이 되어 세균학, 병리학, 면역학 등의 강의를 듣고, 이듬해 봄학기에는 비뇨의학과 피부학 등을 수강했다.

이와 함께 시내에 있는 종합병원Polyclinic Hospital에서 여러 가지 실험과목을 공부했다. 혁명가의 기질이 아니면 환갑이 넘은 나이에 어린 학생들과 함께 여러 과목을 공부하기가 쉽지 않았을 것이다. 학비를 마련하는 데에도 어려움을 겪었다. "학비 조달과 집의 생계를 이어 나가기 위해서 친구에게서 2천 달러를 꾸기도 했다. 그가 택한 과목은 임상병리학, 세균학, 면역학, 혈청학, 백신 치료법 등이었다."[4]

학업을 마친 1927년 6월 이후 서재필은 워싱턴의 어느 병원에서 잠시 근무했다. 그 뒤 필라델피아로 돌아와서 폴리클리닉Polyclinic 병원과 암 치료 전문 병원인 진스Jeanes 병원에서 일했다. 미국에서 병리학 전문의 제도가 시작되면서 서재필도 이에 응모해 1929년에 전문의 증서를 받았는데, 이로써 한국 사람으로는 처음으로 미국의 전문의가 되었다. 그 뒤에 그는 다시 리딩Reading시의 세인트 조지프St. Joseph 병원으로 옮기고, 이곳에서 일하면서 세 가지 논문을 발표했다.[5]

서재필이 발표한 논문과 발표한 지면, 발표 연도는 다음과 같다.

1. 「벅스 카운티Bucks County 내의 선모충 전염 10가지 예」(≪펜실베이니아 의학지≫, 1930)
2. 「8살 여아에게 나타난 난소 육종의 예」(≪미국 의학협회지≫, 1930)
3. 「척추액의 물리화학적 변화를 이용한 신경 섬유종의 진단 1가지 예」(≪펜실베이니아 의학지≫, 1931)

1934년 1월, 서재필은 폐결핵에 걸린다. 고령인 데다 밤을 새워 연구논문을 쓰느라 과로가 겹친 탓에 감염된 것으로 보인다. 의사는 1~2년 정도 요양이 필요하다는 진단을 내렸다. 서재필은 의사의 권고에 따라 웨스트버지니아 산중에 있는 파인크레스트 요양원에 입소했다.

요양원에서 몇 달을 지내자 다행히 병세가 조금씩 나아졌다. 몸무게도 늘었다. 환자이지만 전문의이기도 했던 서재필은 요양원 환자들을 돌보기도 하면서 요양을 계속했다. 입소할 때만 해도 1~2년 정도 요양을 해야 한다고 했지만 서재필은 7월경에 집으로 돌아왔다. 의사가 권고한 기간보다 훨씬 짧은 기간에 몸을 회복했으니 의사들도 서재필의 강인한 투병 생활에 놀랄 정도였다.

그 당시 ≪신한민보≫에는 서재필의 근황을 알리는 「서재필 박사를 도웁시다」라는 기사가 실렸다. 기사 제목처럼 형편이 어려운 '한국 혁명의 원조'이자 '한국 신문의 원조'인 서재필 박사를 돕자는 내용이었다.

최근 서재필 박사는 늙고 병들어 치료를 받는 중 형편이 어려워 동포의 도움을 받게 되었답니다. 하와이·멕시코 및 쿠바에 재류하는 우리 동포는 다 같이 서재필 박사를 도웁시다. 늙고 병든 이를 돕는 것을 보통 자선이라고 하지만 우리들이 서 박사를 돕는 일은 민족적 공리요 민족적 감사심이요 민족 혈통에 느끼는 정이라고 합니다. 서재필 박사는 한국 혁명의 원조요, 서재필 박사는 한국 신문의 원조

요, 또 서재필 박사는 광무 시대와 및 그 후 독립운동 당시 외교의 고문이었습니다.[6]

많은 동포들이 어려운 형편에도 성금을 보내주었다. 액수는 많지 않았다. 그러나 서재필은 ≪신한민보≫에 성금을 보내준 동포들에게 감사한 마음과, 조국과 동포들을 위해 돈을 쓴 것을 후회하지 않으며 다시 기회가 온다면 똑같이 하겠다는 다짐을 담은 편지를 보냈다.

몬타나에 있는 한인 친구들이 나에게 기부금을 보내준 데 대하여 그들에게 무한히 감사하나이다. (…) 귀보를 통하여 나의 진심으로 고마운 말을 그들에게 전해주기를 바라나이다. (…) 7개월 동안 병석에 눕게 된바 우리의 저금했던 것은 다 소모되고 또한 내가 일을 한다고 하면 자살이나 다름없이 되었으매 우리의 재정상 현상은 말할 여유도 없습니다. 그러나 나는 아직까지도 누구에게 구조를 청하기는 원치 않으며 우리가 할 수 있는 대로 자조의 생활을 하려고 시험 중입니다. (…)

나는 일찍이 돈에 대하여 주의하지 않았고, 내가 조금 번 것을 내가 옳다고 생각하는 조국과 조국의 무보호한 동포들을 위하여 써버리고 말았습니다. 나는 결코 이것을 후회하지 않으며 만일 내가 기회가 있다면 또다시 그렇게 하렵니다. (…)[7]

범태평양 회의에서 일본 대표 면박

서재필이 독립운동에서 한발 물러나 유일한과 유한주식회사를 창업할 무렵인 1925년 7월에 하와이 호놀룰루에서 범태평양 회의가 열렸다. 범태평양 회의는 그동안 '범태평양'이라는 명칭 아래 과학자대회, 교육자대회, 세계신문기자대회, 상업대회, 식량보존대회 등 해마다 국제대회를 열었다. 대회는 매번 호놀룰루에서 열렸고, 미국 정부의 후원을 받았다. 태평양 연안 각국의 정부 수반들을 명예회장으로 추대한 이 회의체는 미국을 비롯해 중국, 일본, 캐나다, 오스트레일리아, 뉴질랜드, 필리핀 등지에 지부가 설치되었다.

한국에서는 1921년 조선기독교청년회YMCA 총무 신흥우에 의해 지부가 창립되었다. 박영효가 회장, 윤치호가 부회장, 신흥우와 김동성이 서기를 맡았다. 1921년 세계신문기자대회에는 언론인 김동성이 참석하는 등 꾸준히 대회와 연계해왔다.

1925년의 대회를 맞아 국내에서는 신흥우와 송진우 등이 참석하기로 했다. 서재필은 대한인국민회와 시카고 한인 유학생들로부터 이 대회에 해외 한인 대표의 고문으로 참석해줄 것을 요청받았다. 범태평양 회의 존재를 익히 알고 있었던 서재필은 이 제의를 기꺼이 수락했다.

배재학당의 제자였던 신흥우 등을 만나면 그동안 연락이 끊겼던 국내 소식도 들을 수 있으리라 기대했다. 그 무렵 미국에 와 있던

안창호(오른쪽)를 만나기 위해 로스앤젤
레스를 방문한 서재필.

안창호가 필라델피아로 찾아와 참여를 독려하기도 했다.

갓 시작한 사업은 유일한에게 맡기고 하와이로 출발하려고 했다. 그러나 교민들이 모아주기로 한 여비가 500달러밖에 모금되지 않았다. 얼마 후 다행히 대한인국민회와 흥사단에서 500달러씩을 보내주어 회의에 참석할 수 있었다. 서재필은 6월 하순에 호놀룰루에 도착하여 교민들로부터 열렬한 환영을 받았다. 교포들의 환영연에 참석하고 교회에서 초청 강연을 하는 동안 미주와 하와이의 교민 사회가 이승만, 안창호, 박용만 계열로 크게 분파되었음을 알게 되었다. 그래서 가는 곳마다 단합을 호소했다.

범태평양 회의에 파견된 대표단(맨 오른쪽이 신흥우, 오른쪽 두 번째가 송진우).

범태평양 회의는 7월 1일에 개막되었다. 각국 대표들의 기조 강연이 이어졌다. 한국 대표로 신흥우가 나서서 한국의 당면한 문제들을 차분하게 제기했다. 이런 사실이 현지 신문에 크게 보도되었다.

신흥우의 연설이 끝난 뒤 서재필은 회의장에서 일본 대표에게 다음과 같이 물었다. "한국 대표의 말에 의하면 일본은 15년 전에 한국을 병합한 이래 한국 국민에 대해 매우 비인도적인 정책을 계속해오고 있는 것 같습니다. 그러나 우리가 결론을 맺기 전에 먼저 우리는 쌍방의 의견을 들어야 할 것이므로 이에 대해서 일본 대표가 발언해주면 좋겠습니다."

일본 대표가 침묵을 지키자 서재필이 다시 말했다. "일본 대표로부터 반대의견이 없는 것을 보니 한국 대표가 말한 것이 사실임에 틀림없습니다. 그렇다면 우리는 일본이 한국 국민에 대해 가하고 있는 무자비한 억압을 그대로 눈감아둘 수 없겠습니다."

그제야 일본 대표였던 가시라 모토가 말문을 열었다. "한국은 일본의 속국이기 때문에 한국 문제는 일본 국내 문제입니다. 이 회의에는 어느 나라의 국내 문제도 관여할 권한이 부여되어 있지 않습니다. 더구나 지금 발언한 한국 대표는 20여 년 이상 해외에 체류하여 한국의 실정을 모르고 있습니다. 사실 병합 이래 한국은 정치적·경제적·문화적으로 전례 없는 발전을 이룩해왔습니다. 나는 이 대표의 자격을 이 회의에서 박탈할 것을 동의動議합니다."

그러자 서재필은 다음과 같이 응수했다. "필리핀도 미국의 속국이지만 미국은 필리핀 대표를 이 회의에 참가하도록 허락했습니다. 이번 회의는 전 태평양 연안 국가들과 관련 있는 모든 문제를 관심사로 하고 있기 때문에 한국 문제를 다루는 것도 이 회의의 의무입니다. 한국 문제는 일본의 단독의 관심사가 될 수 없습니다. 그 문제는 아시아의 관심사요, 나아가서는 전 세계의 관심사인 것입니다."

이렇게 한국 대표의 자격 문제로 논쟁이 오고 갈 때였다. 캐나다 대표 넬슨C. J. Nelson이 캐나다도 영국의 종속국이기 때문에 만약 한국 대표단의 자격이 상실된다면 캐나다도 회의에서 철수하겠다며 한국 측을 지지하는 발언을 했다. 그 결과 일본의 동의는 부결되었고, 오히려 일본의 반대에도 신흥우가 범태평양 회의 상임위원으로 당선되었다.[8]

범태평양 회의에 참가한 서재필과 하와이 교민 지도자들(맨 앞줄 가운데가 서재필. 그 왼쪽이 현순).

　미국에서 활동한 서재필은 서양식 회의 진행과 합리적인 문제 제기, 그리고 토론에 익숙했다. 자신의 장기를 발휘해 일본 대표를 논리적이고 도도滔滔한 말로 가볍게 제압했다. 국제회의에서 한국 대표들은 일제의 만행과 부당한 한국 통치를 거듭 논박하여 참가 회원국 대표들의 지지를 받았다.

　《신한민보》는 범태평양 회의에서 보인 서재필의 활약상을 다음과 같이 상세히 보도했다.

　7월 4일에 서재필 박사는 태평양 회의에서 여러 백성 청중에게 웅변을 했는데 그 말함의 대지는 "한국은 아시아 중에 제일 좋은 나라이다. 우리나라는 3 강국 사이에 있어 평화를 주장하며, 종교 풍기

범태평양 회의에 참가한 한국 대표(앞줄 왼쪽부터 유억겸, 김양수, 서재필, 윤치영의 딸 윤혜은, 신흥우, 송진우).

로서 도를 전하는 나라이외다. 한국이 처음으로 철갑선·지남철·주
사 등 여러 가지를 발명하여 4천여 년의 문명이 당당하던 나라이다.
현금 세계에서 별로 대우치 아니하는 이유는 한국을 알지 못함이니
여러분은 오늘부터 좀 알아주기를 바라며 우리 희망하는 옳은 목적
을 동정하시오" 했는데 그 자리에 앉아 있던 여러 외국 사람은 박수
갈채하여 박사의 웅변과 영웅 용력을 크게 칭찬했다더라.[9]

　서재필은 제자인 신흥우의 활약을 높이 평가하는 글을 ≪유학
생회보≫에 실었다. 신흥우가 다른 사람들의 존경과 호의적 평가
를 받았고, 한국의 명예를 드높였다고 평가했다.

비록 회의의 많은 시간을 차지하지는 못했지만 한국 문제가 다뤄지고 토론되었다고는 말할 수 있다. 한국 대표의 구성원인 신흥우 씨에 의해 발표된 한국의 상황에 대한 훌륭한 보고서는 많은 관심을 끌었고, 회의 기간 내내 그가 보여준 신사다운 행동으로 인해 다른 집단의 사람들로부터 많은 존경과 호의적 평가를 받았다.

신 씨에 의해 한국의 명예가 섰고, 이 학회의 훌륭한 구성원이 되었다. (…) 한국 민족도 국제적 정의를 위해 일하는 집단에 합류하게 되기를 소망한다. 홀로는 전쟁을 막을 수 없기 때문이다. 이러한 운동에서 진정한 도움을 줄 수 있으려면 우리 젊은이들은 도덕적으로, 지적으로, 그리고 신체적으로 완벽히 자격을 갖추어야 할 것이다.[10]

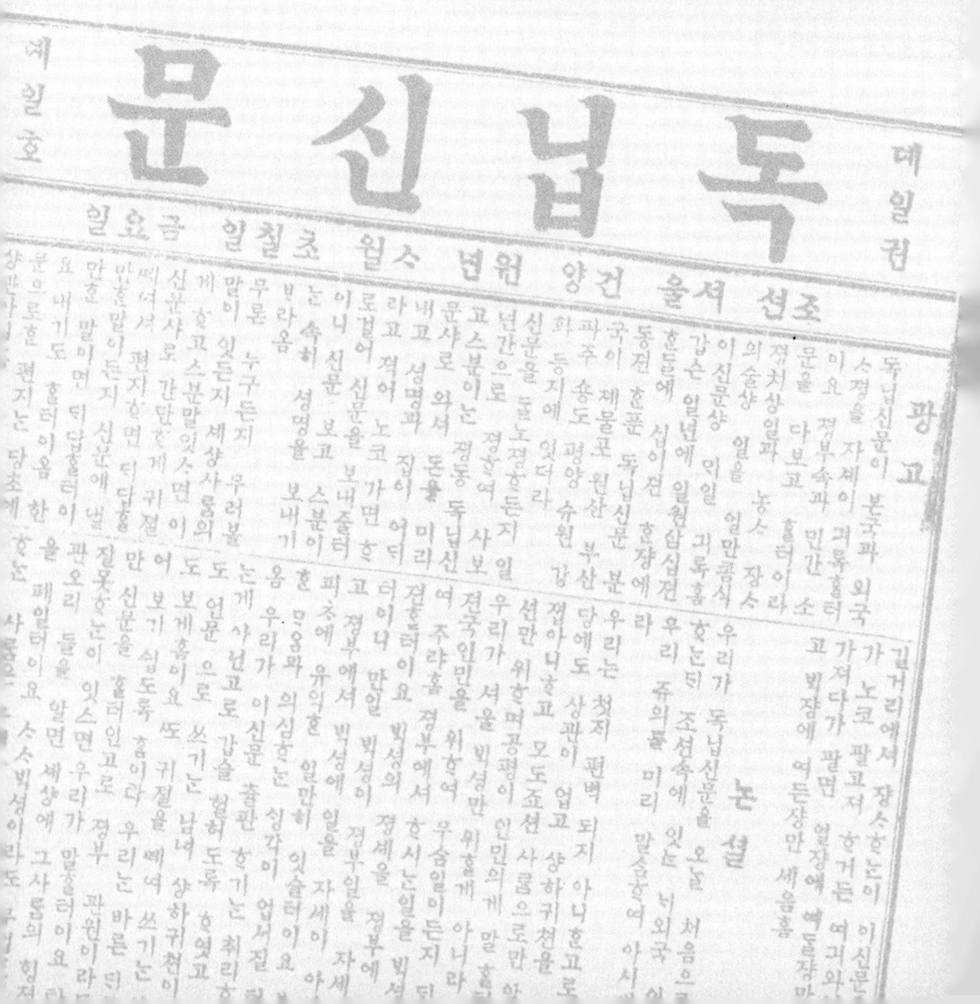

뎨일권 독닙신문 뎨일호

조선 서울 건양 원년 ᄉ월 초칠일 금요일

광고

독닙신문이 본국과 외국
ᄉ졍을 자세이 긔록홀터
이요 졍부속과 민간소
문을 다보고 홀터이라
졍치상일과 농ᄉ 장ᄉ
의술상 일을 얼만콤식
이신문상 미일 긔록홈
갑슨 일년에 일원삼십젼
ᄒᆞᆫᄃᆞᆯ에 십이젼 ᄒᆞᆫ장에
동젼 ᄒᆞᆫ푼 독닙신문 분
국이 졔물포 원산 부산
파주 송도 평양 슈원 강
화 등지에 잇더라
신문을 ᄃᆞᆯ노졍ᄒᆞ든지 일
년간으로 졍ᄒᆞ여 사보
고스분이는 졍동 독닙신
문샤로 와서 돈을 미리
내고 셩명과 집이 어딘
라고 젹어 노코 가면 ᄒᆞ
로걸어 신문을 보내줄터
이니 신문 보고 스분이
는 속히 셩명을 보내기
ᄇᆞ라옴
무론 누구든지 우리불
말이 잇든지 셰상 사ᄅᆞᆷ의
게 ᄒᆞ고스분말 잇스면 이
신문사로 간단ᄒᆞ게 귀졀
떼여서 편지ᄒᆞ면 ᄃᆡ답ᄒᆞᆯ
만ᄒᆞᆫ말이든지 신문에 낼
만ᄒᆞᆫ 말이면 ᄃᆡ답ᄒᆞᆯ터이
요 내기도 ᄒᆞᆯ터이옴 ᄒᆞᆫ
문으로ᄒᆞᆫ 편지는 당초에
상관아니ᄒᆞᆷ

길거리에셔 쟝ᄉᆞᄒᆞ는이 이신문
가 노코 팔고져 ᄒᆞ거든 여긔와
가져다가 팔면 열쟝에 여ᄃᆞᆯ쟝만
고 빅쟝에 여든쟝만 셰음홈

논셜

우리가 독닙신문을 오늘 처음으
ᄒᆞ는ᄃᆡ 조선속에 잇는 ᄂᆡ외국 인
우리 쥬의를 미리 말ᄉᆞᆷᄒᆞ여 아시
라
우리는 첫ᄌᆡ 편벽 되지 아니ᄒᆞᆫ고로
당에도 상관이 업고 샹하귀쳔을
졉아니ᄒᆞ고 모도죠션 사ᄅᆞᆷ으로만 아
션만 위ᄒᆞ며공평이 인민의게 말ᄒᆞᆯ
우리가 셔울 ᄇᆡᆨ셩만 위ᄒᆞᆯ게 아니라
젼국인민을 위ᄒᆞ여 무ᄉᆞᆷ일이든지
여 주랴홈 졍부에셔 ᄒᆞ시는일을 ᄇᆡᆨ셩
젼ᄒᆞᆯ터이요 ᄇᆡᆨ셩의 졍셰을 졍부에
터이니 만일 ᄇᆡᆨ셩이 졍부일을 자세
고 졍부에셔 ᄇᆡᆨ셩에 일을 자세이 아
피ᄎᆞ에 유익ᄒᆞᆫ 일만히 잇슬터이요
ᄆᆞ음과 의심ᄒᆞ는 ᄉᆡᆼ각이 업서질
옴 우리가 이신문 츌판ᄒᆞ기는 취리ᄒᆞ
는게 아닌고로 갑슬 헐허도록 ᄒᆞ엿고
도 언문 으로 쓰기는 남녀 샹하귀쳔이
도 보게 홈이요 ᄯᅩ 귀졀을 ᄯᅦ여 쓰기는
어 보기 쉽도록 홈이라 우리는 바른ᄃᆡ
만 신문을 홀터인고로 졍부 관원이라
잘못ᄒᆞ는이 잇스면 우리가 말ᄒᆞᆯ터이요
관오리 들을 알면 셰샹에 그사ᄅᆞᆷ의 ᄒᆡᆼ젹
을 폐일터이요 ᄉᆞᄉᆞᄇᆡᆨ셩이라도 무
ᄒᆞ는 사ᄅᆞᆷ은

11. 국내외 지도자들에게 편지를 보내다

서신으로 구국운동을 펼치다

서재필은 고국에서 추방되어 미국으로 돌아간 이후 국제 정세의 변화를 주시했다. 틈나는 대로 국내외의 독립운동가들에게 전보나 편지도 보내 의견을 나누고 격려했다. 먼 길을 오고 가기가 쉽지 않은 데다 통신수단이 그것밖에 달리 없었기 때문이다.

특히 1919년 4월 상하이에 대한민국 임시정부임정가 수립되면서부터 임정의 간부들에게 여러 가지 조언을 했다. 대표적인 편지 몇 편을 소개한다(주요 내용을 간추리고, 글은 현대문으로 정리).

먼저, 안창호에게 보낸 편지이다. 한국의 상황을 세계에 알리고 동정을 일으킬 수 있는 사람들은 해외에 있는 동포들뿐임을 강조하며, 고급 영문지 발간 등 자신이 구상하는 제안을 들려준다.

대한인국민회 중앙총회장 안창호에게(1918년 12월 19일)

나는 각하가 한인 가운데 인도자 되며 여론의 대표자 되며 애국심이 풍부하며 또는 각하의 일평생에 큰 덕목이 있는 줄로 아는 고로 이제 각하에게 이 편지를 쓰는바 누가 장차 미주에 있는 한인들과 한 가지 일을 의논하고자 하는 동시에 먼저 각하의 의견을 듣고자 하며, 동력을 얻고자 합니다.

나는 여기저기 있는 한인들을 낱낱이 대면하여 볼 수 없는즉 오직 그들의 인도자들을 경유하여 그들과 일을 의논할 수밖에 없나이다.

각하의 아시는 바와 같이 이 세계에 오직 한국밖에는 그 성명을 보호하는 정치나 혹 기관이 없는 나라는 다시없습니다. 그럼으로 한국이 정복주의나 제국주의를 가진 나라들의 밥이 되었소이다. 오늘날 한국이 일본의 밥이 되어 그의 모든 권리가 박멸되었고 그 백성들이 승전국의 노예가 되어 구차한 명을 보전했으나 그러나 아직까지 누구가 일본의 불공평한 학대를 항거하여 스스로 보호코자 하는 자 없으며 또 누구나 동일한 힘으로 그 육체와 영혼을 결백한 일본의 무거운 기반을 벗고자 하기를 꾀하는 이도 없도다. (…)

내가 아는 데까지는 이 세계에 한국의 친구가 참맘으로 한국을 돕고자 하며 한국의 사정을 위하여 세계의 여론을 일으킬 자 없으니 그 이유는 한인들이 스스로 그 원통한 사정을 말하지 않은 연고라, 그럼으로 바깥 세계에 관하여 누구가 한인을 위하여 불상타 하는 동정을 표하는 자 없도다. 이와 같은 현상에 대하여 장차라도 한인에

임시정부 내무총장 겸 국무총리 취임
당시의 안창호(독립기념관).

대하여 동정을 표할 나라는 없을 것이로소이다.

그런데 지금 현상에 대하여 한국을 위하여 세계의 동정을 일으킬
자는 오직 해외에 나온 한인들이라. 그 이유는 저들이 모든 정형을
저들 종표보다 낮게 알며 저들의 있는 처지가 능히 한국의 비참한
사정을 자유로 말하며 발표할 수 있는 것이 고국에서 일인의 모든
제한을 받는 한인들에게 비교할 바가 아닌 때문이라.

우리는 아직 병력으로 일인과 싸울 수 없으며 또 물질적으로 싸울
수 없은즉 우리는 붓과 공의로 싸워 세계에 일본이 한국 백성에게
불공정한 행동을 하는 것과 한인이 어떠한 경우에 있는 것을 광포할
뿐이라. 이렇게 하는 것이 몇 가지 목적을 성취하리니,

첫째, 이 세계가 장차 한국의 사정을 앎으로 이 세계 민족 가운데 공의와 정리를 사랑하는 자들은 다 한국의 친구들이 되어 한인으로 더불어 깊은 동정을 표할 자며,

둘째, 한인의 잡지가 장차 일본으로 하여금 한인을 잘 대우하겠다는 생각이 생기게 하리라. 내가 하고자 하는 것은 미주에서 고등한 영문잡지를 시작하되 한국·일본·중국의 역사상과 현시의 정세를 게재하고자 함이니, 이러한 기관으로 우리는 세계의 눈앞에 한국이 어떻게 일본에게 국치로 쥐인 것과 일본이 어떻게 한인을 대우하는 사실을 드러내고자 함이라. 이것이 우리의 마땅히 또 능히 만들어 놓을 만한 기관이며 또는 이것으로 우리가 능히 해외나 해내에 있는 한인의 생명을 보호하리라.

이러한 목적을 달하고자 하면 우리는 마땅히 돈과 조직체와 상당한 사람들이 있어야 할 터인데, 나는 생각하기를 상당한 사람들은 미주에서도 구할 수 있으니 가령 말하자면 이승만·정한경 씨와 대학교의 교육을 받은 몇몇 애국자들을 이용할 수 있으며 또 잡지사에 대한 조직체로 말하면 몇 해 동안 나의 인쇄사업에 많은 경력이 능히 그러한 조직체를 가질 수 있으며 또한 나는 의무로 보고자 함이다.

나의 예산과 추측한 바로는 적게 잡고도 50만 달러의 자본을 가져야 할 터인데 이 자본은 미국에 무슨 보험회사에 투자하든지, 연리 2만 5천 달러를 생식하리니, 이 이익금을 가지면 잡지사업을 계속하여 가리니, 비록 몇 해 동안은 그 경비를 지탱할 수 없을 듯하니,

그러나 몇 해 동안만 지나면 그 잡지를 팔아가지고도 넉넉히 유지할 수 있을 것이니, 그 뒤에는 그 원자본에 대한 이식금은 원자본주에게 나눠줄 수도 있습니다.

만일 각하께서 이 계획에 동의를 표하는 경우에는 각하께서 국민회 임원 제씨에게 정신으로 또는 물질로 도우라고 권고하기 바라나이다. (⋯) 각하는 이 일에 대하여 나를 도우시며 또 나와 같이 이 좋은 일에 동력하고자 하십니까? 청컨대 각하는 속히 나에게 알게 하시오. 내가 민찬호 목사와 정한경 씨에게 부탁하여 나의 계획을 각하에게 자세히 말하라 했나이다.[1]

다음은 임시정부의 국무총리인 이동휘에게 보낸 편지이다. 서재필은 1920년 12월 24일 임시정부 국무총리 이동휘에게 편지를 썼는데, 이는 이동휘가 보낸 편지에 대한 답신 형식이다. 전 동포의 통일적 행동과 단체적 노력이 필요하다는 것을 강조했다.

임시정부 국무총리 이동휘에게 답신

각하의 11월 25일에 보내신 간곡한 글월은 기쁘게 받았습니다. 또한 임시정부의 중요한 각원 여러분이 ○○로 취합하여 융화적으로 질서 있게 정무를 집행한다는 말씀을 듣고 축하불기올시다.

이 박사의 재외在外하시는 동안은 각하는 사실상 정부의 두령이올시다. 그럼으로 저는 진정으로 각하의 동지와 전 한국 동포가 모두

이동휘(독립기념관).

각하의 지휘 명령하에서 일심단결로 강건히 우리의 적을 대항하며 대업에 진력하기를 바라는 바이올시다.

물론 여러 가지 간난신고도 많을 줄로 다 참작하옵니다. 그러나 유지자사경성有志者事竟成이란 말과 같이 만일 우리와 우리 지도자에게 진정으로 유지有志만 하면 대업은 기어이 성취코야 말 줄 아옵니다.

각하의 힘쓰실 제1급무는 전 동포로 하여금 통일적 행동이 필요함과 따라서 각 개인의 단독적 행동보다 단체적 노력이 더욱 유효함을 절실히 해득케 함이올시다.

그럼으로 정부의 기관을 더욱더욱 완전케 하며 더욱더욱 진정한 애국정신을 고취하여 우리 민족을 희망의 길로 인도함이 각하의 직책이요 아울러 특권이올시다.

이리하면 머지않아 모든 것이 다 잘 성취될 줄 믿습니다. 금력의 부족으로 인하여 과거 우리의 경영하는 일은 효과를 보지 못했습니다. 그러나 우리는 온갖 기회를 이용하여 온갖 금력과 온갖 인력을 다 허비하면서도 기어이 우리의 목적을 도달하지 아니하면 아니되겠습니다.

과거 9개 삭朔 동안 우리 동포의 표현한 정신과 기상은 참으로 탄복할 만하며 참으로 세계에 자랑할 만합니다. 멀리 해외에 있는 우리들도 본국 동포가 독립자유를 위하여 여하히 수다한 생명을 희생했는지 다 기억하는 바올시다.

우리들도 우리의 요구가 정정당당한 줄을 자각하오며 또한 우리가 독립자유를 향유함이 조금도 부당함이 없을을 확신하는 바이올시다. 그럼으로 우리들도 전력을 다하여 일치협력함이 우리의 본분이요 의무인 줄 아옵니다.

현금 저는 미국인에게 본국의 사정을 소개하며 필설로써 분투를 계속하는 중이올시다. 우리가 우리의 이 의로운 싸움을 꾸준히 계속만 하여 가면 필경에는 멀더라도 수년 내에 한국에 대변경이 생길 줄 확신하는 바이올시다.

우리는 한국을 세계에 널리 소개치 아니하면 아니되겠습니다. 우리는 우리의 노력의 여하를 세계에 알릴 필요가 있습니다. 동시에 우리는 더욱더욱 백절불요하는 정신과 기상으로 나아가지 아니하면 아니되겠습니다.

만일 세계가 진정으로 우리의 진정을 이해하게 되는 날에는 세계 각 국인은 누구나 다 우리의 국권회복의 대업에 원조를 아니할 자가 없을 줄 아옵니다. 그럼으로 우리는 더욱더욱 일심협력하지 아니하면 아니되겠습니다.

수시 기후 만안하시기 비옵고.[2]

임시정부 기관지 ≪독립신문≫은 1920년 3월 자에 "미국 필라델피아에 있는 서재필 선생이 한국노인단에 중심의 찬의를 표하여 백암 박은식 선생에게 여좌한 회함이 유하다"라는 내용을 「서재필 박사 노인단에 입入하라」라는 제목으로 게재했다.

다음 편지는 박은식이 비밀항일단체인 노인단을 창단하고 서재필에게 입단을 바란다는 내용으로 보낸 편지에 대한 서재필의 답신이다.

박은식에게 보낸 편지

원외遠外 혜간惠翰은 감하만천이외다. 더욱 형형상시하는 시국 형편은 도현과 상부하오며 제위 노인이 여피 활동하심은 실로 오족五族 중생重生의 철증鐵證이라. 자위자려하여 도인의 여생도 제위와 공히 우리 대업 성취하는 데 진졸코저 하나이다.

현금 차처此處는 대통령 개선 시가 되었고 겸하여 국제연맹회 조약 인준 여부로 각파 간 정전이 심각하오며 명년에 하파何派가 득승하올는지 그 결과를 보기까지는 미국의 대외태도는 완정키 난하외다. 선전사업으로 말씀하오면 전일에는 한국이 하처에 재在한 지도부지不知하던 미국 공중일지라도 3월 1일 이후 오족의 용감장렬한 행동을 알고는 모두 동정을 불표하는 자 무無하외다.

금일 오인의 필요하온 것은 상해 임시정부를 중심으로 하여 우리 민족의 조직과 단결을 완성함과 서북변에 군비를 극렬함에 재한가 하나이다. 차此에 대하여 도인은 상해 동지의 시설을 심심 신뢰하오며 또는 축정양설하여 시기의 원숙하기를 대待함이 가하다고 사思하나이다.

말씀하신 노인단에 대하여는 도명을 부말簿末에 첨함이 소허라도 상부상조하는 데 유익함이 될진데, 어찌 감히 사辭하오리까.[3]

상하이(상해)에 거주하는 교민들을 상대로 임시정부의 외곽지원 단체로서 '상하이민단'을 결성하고 그 단장에 취임한 여운형에게도 편지를 보낸다. 여운형이 일본을 방문하여 큰 성과를 얻고 귀환한 소식을 듣고 1920년 1월 21일에 보낸 편지이다.

(…) 미주의 선전 사무는 날로 확장되오며 아마 장래에는 전 미주에 단하여 한인의 친구 없는 곳이 거의 없게 될 모양이올시다. 만일 우리의 사업을 금후 1년만 더 계속하더라도 전 미주의 인심은 우리에게 향하게 될 줄 믿은 바이올시다.

존형의 도일사건은 여弟는 다대한 흥미를 가지고 주목하여 보았으며 형의 동경에 어於한 태도에 대하여는 감하불가하는 바이올시다. 하고何故요 하면 저 일본이 형을 이용하려던 간책은 전연 실패에 귀歸했습니다. 형은 참으로 한인다웁게 저들 일인을 대했습니다. 이번에도 한인은 일인에게 승리를 얻었습니다. (…) 4

서재필은 1920년 9월 8일에 임시정부 각원(국무위원)에게 국무회의와 의정원회의에서 낭독해주기를 요청하면서 격려의 편지를 썼다. 긴 내용이어서 몇 부분을 인용한다(ㅁ은 해독할 수 없는 글자).

본인도 역시 대한의 정치 즉 독립에 대하여 다른 국가를 의뢰하지 아니하는 자의 한 사람이올시다. 이 큰 사업은 오직 대한 사람으로 말미암아 발달이 되어 완성할 것이외다. 본인이 일생의 최후 시대를 이 문제를 위하여 소비했음으로 적은 지식이라도 있는 것을 자감하오며 이 사역에서 경험도 얻었음으로 오늘날 동일한 문제와 목적을 위하여 역력하시는 동지 제군에게 통신으로 권고를 올리나이다.

지도자 되신 제공들에게는 이 기회를 이용하여 외력의 압박에서 고통하는 저 민족을 제공이 동포를 도와주지 못할 것이외다. 만약 제공이 무슨 이유로든지 제공의 동포를 도와주어 저희들의 목적을 달하게 하는 이 신성한 직무를 이행해야 하리라. 불능하면 제공은 충실한 대한 사람이라고 할 수 없습니다.

우리의 전투는 일본을 대적함이요 어느 대한인을 대적함이 아니올시다. 만약 제공이 사소한 사정으로 제공의 동족을 대적함에 시간과 정력을 소비할진대 일본에게 큰 안위를 줄 것이오. 제공 등이 당과 전투하는 것이면 일본을 더 즐겁게 하는 것이 없습니다. 제공이 분열되는 시에는 제공의 역량도 감소되어 국내 동포들이 제공으로 하여금 완성하기를 요구하는 목적을 완성치 못할 것은 근본적 사실이올시다.

금번에 이 박사께서(이승만—필자) 상해에 출왕하셔서 제공을 친히 만나고 정부 각원의 직무에 관하여 현책이 있을 것을 아오니 이것이 좋은 동기올시다. 또한 김규식 군도 상해로 진왕하여 정무사업에 대한 확고불변의 계획을 성립할 바이니 김 군은 본인이 아는바 직능이 각비한 애국지사올시다. 그의 권고와 협력이 제공에게 큰 원조가 될 줄 믿습니다.

우리가 독립을 얻을 때까지만 우리의 심중에서 모든 다른 사정을 □□□ 버리고 독립 밖에는 다른 문제를 토의하지 맙시다. 우리가 공동목표에 달할 적에는 다른 문제 □□□ 할 때가 있겠습니다.

본인도 귀처에 진왕하여 제공을 친히 면회하고 비견을 개진코자 했으나 이곳의 사정이 허치 안 함으로써 뜻과 같지 못하나 만일 제공이 이 공함을 쓰게 한 본인의 정신을 연구하시며 □□□것 같으면 비록 간략한 통신이나 다단의 문제를 해결하시기에 원조가 될까 하나이다.

제공의 문제를 신명에게 맡기시고 제공은 제공의 직분만 이행하시면 신명의 권우를 믿습니다.

신명은 자기의 직분을 이행치 아니하는 자를 권우치 아니합니
다.[5]

서재필은 1926년 11월에 미주·하와이 동포들에게 보내는 공개
편지를 썼다. 이때는 서재필이 펜실베이니아 의과대학원 특별학생
으로 입학하여 의학 공부를 재개할 때였다. 편지에는 유일한과 회
사를 차리게 된 배경과 함께 동포들에게 공통으로 하고자 하는 발
언 등이 담겨 있다.

여러분, 나의 마음 가운데 한국의 복리와 발전을 위하는 것이 항
상 존재함을 아실 듯합니다. 이것이 곧 나의 지원이며 희망인 때문
에 나는 나의 모든 능력을 다하여 나의 조국 동포에게 전진 및 복락
의 정형을 이루어주고자 함이외다.

미주와 하와이에 있는 우리들이 한국을 위하여 할 일이 여러 가지
나 그러나 아직까지 무슨 실제력과 조직력으로 하여놓은 것이 없습
니다. 그 최대 이유는 우리 여러 단체들의 통일이 없고 또한 여기나
어디나에 사는 한인은 물론이고 거의 다 빈궁한 까닭입니다.

그리고 우리들에게 1, 2인이라도 넉넉한 재산을 써서 무슨 가치
있는 운동에 투자할 이가 없슴이외다. 또한 미주나 하와이에서 공동
한 찬성을 통하여 무슨 실제적 사업을 하기는 불가능한 까닭은 우리
들에 당파적 차이가 있슴이외다.

그런고로 우리들의 누구가 한인 전체에게 가장 필요한 봉사를 할

것은 오직 사업 기관을 조직하여가지고, 그 유일의 목적은 즉 우리 인민의 경제 상황을 빨리 개량함이라. 이것의 필요하기가 아동들의 교육시킴과 같으며 혹 우리의 고유한 권리를 얻기 위함과 같다.

다행히 우리들에 사업상 교육상 경력이 있는 몇몇 사람이 있어 나의 뜻과 동일하다. 그 예를 들자면 유일한 씨 같은 이는 과거에 사업상 대성공이 있는바 그 성공이 전혀 그이의 이상과 실험을 통하여 된 것이라. 그런고로 나는 그이를 알아주기를 가장 좋은 사업가가 아니라면 그이의 지원이 한인의 경제 상황을 증진케 하려고 함이며, 이 욕망이 가장 간절하며 진정합니다.

그리고 정한경 박사로 말하면 과거에 적십자회 조직자로서 사업에 대하여 많은 취미를 들여온바 지금 한인 사업가들이 있는 동시에 유일한 씨가 최근에 한국과 중국과의 상업시찰을 하고 돌아올 때에 원동 각 방면에 사업계 연락을 지어 놓은바 나는 생각하기를 우리가 사업할 만한 토대를 일구어가지고 미국과 원동 간에 수입·수출의 사업을 시작함이 적당하다 합니다. 그런고로 나는 이네들의 계획을 깊이 찬성하는 동시에 본 회사의 사장으로 시무하기로 허락했습니다.[6]

1926년 10월 25일, 서재필은 임시정부 국무령 김구에게 편지를 보내 격려와 교육사업에 더욱 정진할 것을 제안했다.

(…) 공사설의 여하한 기관을 막론하고 정신적·물질적 실제 원조

를 하는 유족한 소속 분자를 가지지 아니하고는 그 목적을 달하기에 용력하여 지속하기 어려울 것이오. 또한 그와 상대하여 여하한 기관이나 저의 성분의 최대 이익을 도모하여 봉사함에 노력하지 아니하고는 능히 장구한 생명을 지속할 수 없는 것이외다.

말씀하기 섭섭하오나 우리 임시정부는 지금까지 내외지를 막론하고 우수인의 신망과 창조를 받지도 못했고 또 우리 민족의 국가적 이익을 위하여 정치상으로나 교육상으로나 무슨 진보를 시키지도 못한 듯합니다.

이러한 형편에 있어서 임시정부는 외지에서 존속하기 불능이거나 극난이올시다. 이 불행한 정형情形의 원인은 곧 우리 사람들의 다수가 아직까지 자유와 자주에 대하여 절실히 욕망함이 적었던 까닭이올시다. 보는 바에 우리 민족이 일본인을 축출하고 자기의 정부를 제제帝制거나 공화共和거나 자기로 가지고자 하는 지원志願은 없지 아니한 것 같습니다.

그러나 이 욕망이 아주 절실하여 어떠한 기회라도 이용하려는 데까지는 이르지 못한 것 같습니다. 사람이 갈渴하여 입과 목이 말라지게 되고 전신이 열로 탈 지경에는 그 입을 추기기에 죽을힘을 다하여 기회를 닥치는 대로 이용할 것이올시다.

그러나 우리 사람들은 이 목마른 사람이 물을 구하는 것과 같이 저사위한抵死爲限하고 그 정치적 독립을 노력하기에까지 힘쓰지 않은 것 같습니다. 그런즉 우리의 지금 할 일은 곧 자유의 아름답고 정당한 것을 알도록 우리 사람을 교육하여서 그것을 열렬하게 저사위한

하고 갈구함에 속히 이르게 할 것이라 합니다.

이 점을 성취할 때에는 저들의 요구를 위하여 노력하며 봉공하는 임시정부와 및 기타 모든 기관들에 대하여 원조할 줄을 알 것이올시다.

그러면 우리는 이 교양사업을 힘써 사람들이 자유를 자기의 생명보다 일층 더 갈망하게 되는 날이 속히 이르게 할 것이올시다. 그날에 우리는 승리하고 자유의 자리에 나아가겠습니다.[7]

12. 미·일 전쟁 시기

의료사업하며 국내 신문에 기고

서재필은 1927년 6월부터 여러 병원에서 의사로 근무하면서 1929년에는 병리학 전문의사 자격을 취득했다. 1930년부터 1934년까지 4년간 미국 의학학회지에 병리학 연구논문을 발표하고, 1936년에는 펜실베이니아주 체스터에서 진료소를 열었다. 유능하고 헌신적인 동양 의사라는 소문이 알려지면서 병원은 다른 의사를 고용해야 할 정도로 번창했다.

그사이에 국제 정세는 요동치고 있었다. 1931년 9월 18일, 일본은 만주침략을 시작했다. 일본군이 만주철도를 스스로 파괴하고 이를 중국 측 소행이라고 트집 잡아 철도 보호를 구실로 침략전쟁을 일으켰다. 일본 관동군은 전격적인 군사작전으로 만주를 점령하고 1932년 3월에 괴뢰 만주국을 세워 지배권을 행사하기에 이르렀다.

중국은 국제연맹에 일본의 침략 행위를 호소했다. 이에 국제연맹이 조사단을 파견하여 사실을 조사하고 일본군의 철수를 권고했다. 그러나 일본은 이를 거부하고, 오히려 1933년 3월에 국제연맹을 탈퇴했다. 일본은 이후 본격적인 군국주의 파시즘 체제로 들어갔다.

독일에서는 1933년 1월에 히틀러가 총리로 선출되면서 나치스 독재 시대가 시작되고, 1935년 3월에는 재군비再軍備를 선언했다. 중국에서는 1934년 10월 마오쩌둥이 이끄는 공산당의 대장정이 시작되었다. 1935년 10월에 독재자 무솔리니의 이탈리아가 에티오피아를 침공하고, 1936년 7월에 스페인 내전이 발발한 데 이어 1937년 7월에 일본이 중국을 침략하면서 중일전쟁이 일어났다.

세계사는 바야흐로 서양에서는 독일과 이탈리아, 동양에서는 일본이 나치즘과 파시즘으로 무장하고 인근 국가들을 무력으로 침공하거나 내부 체제정비를 통해 전쟁 준비에 돌입하고 있었다. 2차 세계대전의 불길이 서서히 타올랐다.

서재필은 의료업에 종사하면서도 국제 정세의 흐름을 예리하게 지켜보았다. 1934년 말에는 국내 신문인 ≪동아일보≫의 청탁을 받고 「회고 갑신정변」과 「체미 50년」을 써 보냈다. 영문으로 쓴 이 글은 변영로의 번역으로 ≪동아일보≫ 1935년 1월 1~4일 자에 소개되었다.

두 가지 기사는 이미 본문에서 여러 차례 인용한 바 있다. 「체미 50년」의 서두에서 서재필은 자신의 미국 체류 기간을 다섯 시기로 구분할 수 있다고 말한다.

내가 50년간을 미국에 생활했다는 것은 가능치 못한 채로 사실이다. 이 단고短稿 속에 그 기나긴 세월 동안의 나의 경험 전부를 다 말할 수는 가능사가 아니나 가장 중요한 몇 가지를 5기에 나누어 적어보려는바 그 5기를 말하면 제1기는 캘리포니아와 펜실베이니아 양주에서 칼리지 입학 준비를 하던 1885년과 1886년의 1년간, 제2기는 보습교육으로 허비한 기간, 제3기는 조선에 돌아와 정치운동한 2년 반, 제4기는 조선서 다시 도미하여 필라델피아에서 상업에 종사한 기간, 제5기는 최근 10여 년간 의료와 병원사업에 종사한 기간이다.[1]

고국에서 추방된 이후 서재필의 근황이 한국에 알려진 것은 1932년 삼천리사에서 발간한 『평화와 자유』라는 책에 실린 「조선의 장래」라는 글 때문이었다. 문인 김동환이 펴낸 이 책은 3년 만에 4쇄를 찍을 만큼 식민지 조선에서 인기를 모았다. 이 글의 내용 일부를 살펴보자.

나는 과거에 조선에 많은 흥미를 가졌거니와 지금은 조선의 장래에 더욱 큰 흥미를 가진다. 나에게 만약 현재 조선인의 다대수의 이지적 도덕적 능력에 대한 정확한 지식이 있었을 것이면 조선의 장래에 무엇이 기다리고 있는가 함을 다소 명확히 예상할 수 있었을 것이다. 근자에 조선 사람이 많이 변한 줄은 나도 알지만은 어떤 정도인지, 어떤 방면으로 이 변천이 생겼는지 나는 아지 못한다.

그러나 내가 충심으로 바라기는 무슨 사물을 관찰할 때에 선입주견先入主見의 영향을 받지 말고 사실 그대로를 보는 습관을 학득學得하였으면 하는 것이다. 대체로 우리는 감정적 동물인 까닭으로 하여 이론보다도 감정의 영향을 받아 행동하는 적이 많다.

우리가 무슨 행동을 하려 하든지 우리의 감정을 제재하고 이지理智로 하여 곧 장래의 계획을 작성하도록 하여야 할 것이다. 제2로 우리가 함께 길러야 할 습관은 사색과 행동에 실제적이어야 함이다. 공허한 제호題號와 무의미한 영화가 과거에 우리의 정신을 과도히 점령하여왔다. 이러한 허무에 너무도 심취하여 우리 일상의 실제 문제를 생각할 수가 없었다. 아직까지도 우리 가운데 어떤 물건의 성명이나 고치고 우리 형상의 외양이나 변하고 우리 이름 앞에 듣기 좋은 형용사나 붙이게 되면 만사가 형통하리라고 꿈꾸는 사람이 있을까 두렵다. 내가 진심으로 바라기는 우리가 일제히 공허한 영예를 좇아다니는 버릇을 버리고 실제적, 사실적 사업을 성취하도록 노력하였으면 함이다. (…)

누구를 물론하고 명심불망하여야 할 원리는 곧 그것이 일개인이건 일민족이건 번영으로 가는 길에는 지름길이 없다 함이다. 강작強作 계획 있는 모험, 용기, 의지, 공평 및 주의에 대한 충성이 온갖 성공의 기초이다. 이러한 진리를 터 삼아 계획이 작성되고 이러한 원리 하에서 실천될 것이면 우리라도 다른 민족과 같이 성공 못 할 이유가 없을 것이다. 우리 민중이 이미 이 진리를 깨닫고 이 단순한 진리의 이론에 의하여 우리 장래를 위한 계획이 벌써 성립되었는지도 모른다. 그러나 나는 이를 확실히 모르며 이 몇 마디를 쓴 것이다."[2]

미·일전쟁 지켜보며 '미군 돕자' 연설

세계적인 대공황이 1929년부터 시작되었다. 대공황은 10여 년간 지속되었다. 독일과 일본, 이탈리아 등 후발 자본주의 국가에서는 식민지를 확대·재편성하여 제국을 건설함으로써 경제위기를 타개하려는 파시즘 세력이 속속 집권했다. 이들 제국주의 나라들은 주변 나라들을 침략하는 전쟁을 서슴지 않고 벌였다. 1939년 9월에는 독일이 폴란드를 점령했다.

미국, 영국, 프랑스 등은 처음에는 평화적인 방법으로 사태를 수습하고자 했다. 그러나 독일군이 폴란드를 침공하고, 영국과 프랑스가 독일에 선전포고를 함으로써 2차 세계대전이 시작되었다. 일본은 1940년 9월 독일, 이탈리아와 삼국동맹을 체결하고, 1941년 12월 8일에 하와이 진주만을 기습공격하여 태평양전쟁을 일으켰다.

우리 독립운동가들은 일본이 미국과 전쟁을 하게 되면 독립의 길이 열릴 것이라고 예측했다. 서재필도 다르지 않았다. 태평양전쟁 발발 직전인 1941년 8월에 서재필은 부인 뮤리엘 암스트롱과 사별했다. 뮤리엘은 동양 남자와 결혼하여 온갖 고생을 마다하지 않고 남편을 도왔던 동지요 반려자였다. 미·일전쟁이 시작되자 서재필은 미군 징병검사 의무관으로 자원하여 봉사했다. 77세의 노령에도 아랑곳없이 열심히 도왔다. 조국의 적인 일본과 싸우는 또다른 방법이었다.

비슷한 시기에, 스탈린에 의해 중앙아시아의 카자흐스탄으로 추방되었던 봉오동전투의 맹장 홍범도는 조국의 적인 일본의 적군 소련군에 지원했으나 고령이라는 이유로 받아들여지지 않았다. 홍범도와 서재필, 두 사람이 살아온 역정은 달라도 조국의 독립을 바라는 마음은 다르지 않았다.

서재필은 태평양전쟁이 발발하기 직전인 1941년에 ≪의용보≫ (4월호)에 글 한 편을 썼다. 「미국 국방운동에 우리 한인의 공헌할 바가 무엇인가」라는 제목의 글이다.

미국 본토와 하와이 그 외 미국 영지에 사는 한인들에게 필자가 간절히 부탁하는 바는 다만 미국을 칭찬만 할 뿐 아니라 진심으로 이 나라를 사랑하여서 각각 자기가 가진 재간대로 도와주시기를 바랍니다. 이렇게 하는 것이 우리가 이 나라에 사는 책임만 다하는 것이 아니라 간접적으로 미국이 우리 민족을 도와주려는 성의를 발하게 하는 큰 힘이 되는 것을 잊지 말기를 바랍니다.

어느 나라나 어느 민족으로나 무력적으로 침략하는 나라를 대항하여 싸워주는 이는 다 우리 민족의 친구요, 그 반대로 삼국동맹을 도와주는 이는 우리 민족의 원수입니다.

앞으로 어떤 형편이 우리 앞에 전개되든지 우리 한국 민족은 이상적인 민주주의와 인류에게 행복을 끼친 기독교 문명을 추앙하며 따라서 이 혜택 밑에서 우리 민족이 완전히 해방되리라고 깊이 믿습니다.[3]

2차 세계대전이 발발하면서 미주지역의 한인사회도 긴 침체기를 털고 다시 활동을 시작했다. 1941년 4월 20일, 하와이 호놀룰루에서 미주지역 국민회 등 9개 한인 단체 대표들이 모여 재미한족연합위원회를 결성하고 임병직을 위원장으로, 이승만을 외교위원장으로 선출했다.

이승만은 이를 계기로 중국 충칭의 임시정부에 신임장을 요청하고, 임시정부는 신임장을 보내주었다. 워싱턴의 외교위원부가 임시정부에 의해 폐쇄되었다가 국제 정세가 급변하자 재개된 것이다. 일본군이 진주만을 기습하고 이틀 뒤인 12월 10일에 임시정부가 일본에 선전포고를 함으로써 워싱턴의 주미 외교위원부의 활동에 동력이 붙었다.

1942년 2월 27일부터 3일간 워싱턴 라파예트호텔에서 한인자유대회가 열렸다. 미주 각 지역 한인 대표 100여 명과 미국의 정치인들이 참석한 이 대회에서, 미국 정부에 대한민국 임시정부 승인과 한국광복군에 대한 지원 등을 요청했다. 그러나 미국은 끝내 대한 민국 임시정부를 승인하지 않았다.

이 자리에서 서재필은 한인들이 힘을 모아 일본과 싸울 것을 역설했다.

> 우리는 이제 우리나라(미국)와 세계를 위해서 싸워야만 합니다. 우리는 이 전쟁에서 최선을 다해야만 합니다. 우리 미국은 우리의 임무를 완수해야만 하며, 한국은 작은 나라이지만 이 전쟁에서 승전을 하리라고 생각합니다. 2천3백만 한국 국민은 일본인과 싸울 준비가 되어 있습니다. 여러분의 과제는 간단한 것입니다. 여러분은 50년간 여러분의 맘에 의지해온 여러분의 지구 반대편에 있는 국가를 도와주십시오. 그것은 여러분과 한국과 세계의 이익을 위한 것입니다.[4]

1930년대 후반 서재필은 체스터 병원에서 피부과 과장으로 종사하다가 개인병원을 개업했다. 틈틈이 미군 징병검사 의무관으로 자원봉사한 것은 앞에서 말한 바 있다. 서재필은 이런 공로를 인정받아 1941년부터 1945년까지 다섯 차례나 미국 대통령 표창을 받았고, 1945년 1월에는 미국 의회가 주는 공로훈장을 받았다.

13. 반세기 만의 환국

김규식의 추천으로 환국

1945년 8월 15일, 일제가 패망했다. 한국도 일제의 식미지 상태에서 벗어났다. 서재필은 2차 망명 47년 만에 조국의 해방 소식을 들었다. 81세, 활동하기에는 많이 늦은 나이였으나 해방의 기쁨만은 한민족 누구 못지않았다.

서재필이 우려했던 대로 해방이 곧장 독립으로 이어지지는 않았다. 조국은 38도 선으로 분단되고 3천만 민족은 양단되었다. 미국 등 연합국들이 대한민국 임시정부를 승인하지 않은 것이 분단의 큰 원인으로 작용했다.

미국에 있던 이승만이 10월 16일에 귀국하고, 중국에서 독립운동을 이끌었던 김구와 김규식 등 임시정부 요인들은 11월과 12월에야 각각 귀국했다. 당연히 대한민국 임시정부가 해방조국의 주체가 되어 정국을 이끌어야 했다. 그러나 대한민국 임시정부를 인정하지 않은 미국은 임시정부 요인들에게 임시정부가 아니라 개인 자격으로만 귀국을 허용했다. 미국은 남한에 군정을 실시했고, 서울 중앙청에는 일장기가 내려지는 대신 성조기가 걸렸다.

'모스크바 3상회의―신탁통치 찬반 대결―미소공동위원회―이승만의 단정 발언―좌우합작위원회 활동' 등 해방정국의 한반도 상황은 혼미상태를 거듭했다. 미국은 처음에 이승만을 남한 정부의 수반으로 상정하고, 맥아더를 통해 군용기편으로 귀국시키는 등 자신들의 의도대로 움직였다. 그러나 이승만이 독선과 불화不和 등으로 미군정 당국과 마찰을 빚게 되면서 미국은 서재필에게로 눈길을 돌렸다.

존 하지 중장에게 서재필을 천거한 사람은 중국에서 귀국한 대한민국 임시정부 부주석 김규식이다. 배재학당에서 서재필의 가르침을 받았고, 서재필이 만든 《독립신문》에서 기자 생활을 하면서 많은 영향을 받았고, 워싱턴 구미위원부에서도 서재필과 함께 일한 적이 있어, 김규식은 서재필의 애국심과 인품을 누구보다 잘 알고 있었다. 하지는 자신의 정치고문 윌리엄 랭던을 통해 1946년 9월 21일 자로 연합군사령관에게 미국무성에 전달하는 전보를 보냈다. 다소 긴 내용이지만, 당시 미군정 실력자랭던의 서재필에 대한 인식을 담고 있어 소개한다.

9월 14일에 한국 민주대표의원韓國民主代表議院의 결의에 따라 그 의원의 부위원장이며 우리가 가장 신망하는 건전한 지도자인 김규식은 하지 장군에게 필립 제이슨 의사를 임명하도록 권고했습니다. 그는 한국 민족이지만 서반아전쟁 당시의 수훈으로 인하여 미국 국회가 시민권을 수여했다는 사람이며, 85년 전에 한국에서 서재필이라는 이름으로 태어났고, 미국인 부인을 데리고 있으며, 건강하고 아직도 의사 개업을 활발히 하고 있다고 합니다(이 점은 서울 정치고문관의 전보 116으로 국무성에 알린 일입니다).

그는 한국 사람으로서 미국에 처음으로 건너간 몇 사람 중의 한 사람인데, 1894년(1896년을 잘못 안 것-필자)에 한국으로 돌아와 중추원의 고문 자격으로 왕과 가깝게 지냈으며 독립협회를 조직하여 인도했고 구습을 개혁하는 데 노력했습니다. 1898~1899년경에 왕실이 이 단체를 강력하게 탄압함으로 인하야 그는 다시 미국으로 돌아갔습니다.

하지 장군의 생각으로는 그리고 저도 동의하는 바입니다만 현재의 정치적 혼돈과 과열상태에서 현대 한국에서의 정치개혁운동을 창시創始하여 명성을 날리고 역사적인 일들에 연관을 가진 서재필 같은 존경받는 위인爲人이 한국에 온다면, 타협을 이룩하고 이성을 되찾는 데 좋은 영향을 끼칠 수도 있고, 우리 사령부에게 현명한 자문도 하여 줄 수 있을 것이라는 것입니다.

이승만은 서재필 씨가 그를 능가할 수 있을 것이기 때문에 그가 이곳에 오는 것을 반대하고 있는 것으로 알려져 있습니다만, 그렇게 된다면 현시점에서 우리에게 유리할 것입니다. 좌익의 지도자인 여운형은 사사로운 석상에서 서재필을 환영한다고 말했으며 현 정치 단계에서 그가 유용할 것이라고 말했습니다.

하지 장군은 (국무성이) 서재필에게 타진하기를 바라며 만일 그가 여행을 할 수 있고 정신적으로 건전하다면 한국을 위한 특별고문관으로 임명하기를 바라며 국무성의 예산으로나 또는 국방성이 국무성에게 경비를 지불하도록 바라고 있습니다. 조속한 시일 내에 회답하시기를 바랍니다. [1]

이 글을 보면 랭던은 미군정이 '가장 신망하는 건전한' 지도자는 김규식이라고 밝힌다. 그러면서 김규식이 권고한 서재필은 '존경받는 위인'이며 미군정에 현명한 자문을 해줄 것이라고 말한다. 이승만이 자신을 능가할 수 있기 때문에 서재필을 견제하고 반대한다는 사실도, 좌익 지도자인 여운형이 서재필을 환영한다는 사실도 정확하게 밝히고 있다.

미국은 이승만 대신 서재필 등용 준비

하지의 전문을 받은 미국 국무성 관계자는 필라델피아에 살고 있는 서재필을 방문하여 사정을 설명하고 귀국을 종용했다. 그러나 서재필은 당시 건강상태가 별로 좋지 않았고, 한국 정치에 대한 아무런 야심도 없다는 심경을 밝혔다. 미국 국무성은 이 같은 내용을 하지에게 전했다.

　김규식을 비롯한 남한의 중도세력은 난마와 같이 얽혀가는 한국의 정쟁을 풀 수 있는 사람은 서재필밖에 없다고 판단했다. 이들은 다시 하지를 통해 서재필의 조속한 귀국을 요청했다. 이승만을 내치고 대안을 찾던 하지가 서재필을 택하게 된 과정을 한 연구가는 다음과 같이 치밀하게 분석한다.

　　하지는 이승만의 공격을 방어하기 위해 1947년 초에 워싱턴을 방문했다. 이 기간 중 하지는 이승만에 필적할 수 있는 재미 한인 지도자를 물색했는데, 그 후보자로 선택된 사람이 서재필이었다. 2월 27일에 하지는 워싱턴에서 서재필을 '최고의정관'으로 임명하며, 자신과 함께 귀국할 것이라고 발표했다. 하지는 귀임 시(4월 5일) 서재필을 동반하려 했으나, 81세의 노년이었던 서재필은 건강 악화로 동반할 수 없었다. 하지는 재차 서재필의 귀국을 종용했고, 서재필은 7월 1일에 귀국했다. 그러나 서재필은 이미 한국을 떠난 지 50년이 넘은 상태였고, 미국 시민으로 귀화한 지 오래여서 국내 정치를 이해할 수 없었다. 또한 서재필의 입국 시점에 이미 제2차 미소공위는 정돈 상태에 접어들었고, 서재필은 국내 정치에서 아무런 역할을 할 수 없었다.[2]

　존 하지가 업무 연락차 워싱턴에 갔을 때, 그러니까 1947년 3월

초 필라델피아 자택으로 서재필을 직접 방문했다. 하지는 한반도의 현재 정세를 설명하면서 하루빨리 귀국하여 역할을 맡아달라고 요청했다.

서재필은 "나는 이미 노령으로 아무 야심도 없다. 나는 지위도 원치 않고 명예도 바라지 않는다. 나의 유일한 관심은 국민교육에 있다. 만일 진정으로 한국 사람들이 나를 원하고 내가 감으로써 나의 사랑하는 조국 국민을 자유와 독립과 번영으로 인도하는 데 조금이라도 도움이 된다면, 나는 조금도 주저하지 않겠다"라며 수락했다.

이 소식은 하지에 의해 입법의원 의장인 김규식에게 전달되고, 그는 입법의원회의에서 이 사실을 발표했다. 서재필의 신분은 미군정의 최고고문 및 과도정부 특별의정관의 자격이었다.

1947년 봄, 서재필은 샌프란시스코로 향했다. 고국으로 돌아가는 배를 타기 위해서였다. 그곳은 갑신정변이 실패한 뒤 미국으로 망명할 때 처음 밟은 미국 땅이었다. 1885년 6월이었다.

그러나 서재필의 건강이 따라주지 않아 일단은 다음을 기약하며 다시 집으로 돌아갔다. 마침내 6월에 딸 뮤리엘과 함께 배에 올라 미국을 출발하여 7월 1일에 인천항에 도착했다. 두 번째 미국으로 떠난 지 50여 년 만의 환국이었다. 두 차례 망명 기간을 합쳐 60년, 새파랬던 청년이 80대 노인이 되어 꿈에 그리던 조국 땅을 다시 밟았다.

국민의 기대와 이승만의 견제

서재필이 우여곡절 끝에 고국으로 돌아오는 동안 국내에서는 환영준비위원회가 구성되었다. 독립지사 이시영과 오세창이 명예회장, 김규식이 위원장, 이극로와 홍명희가 부위원장으로 선임되었다. 정관계 저명인사도 여러 명이 위원으로 참여했다. 좌우익과 중도파를 총망라한 거국적인 환영준비위원회였다.

서재필이 도착했을 때 안재홍, 김규식, 여운형 등이 인천항에서 그를 맞이했다. 그때의 모습을 한 신문은 다음과 같이 소개했다.

> 송재 서재필이 7월 1일 오후 2시 인천에 입항했다. 군정장관 고문 웜스 중령이 장택상 수도경찰청장, 표양문 인천시장과 함께 함상까지 출영했고, 김형민 서울시장이 꽃다발을 든 부인단체 대표들과 함께 잔교에서 그를 마중했다. 부두에서는 안재홍 민정장관, 김규식 입법의원 의장, 김용무 대법원장 등 조선인 3부 요인이 여운형 등 여러 정당 단체 대표 및 과도정부 부처장들과 함께 그를 영접했다.[3]

같은 날의 풍경을 또 다른 신문은 서재필의 귀국 첫 육성과 함께 다음과 같이 보도했다.

> 49년 만의 감격의 환국, 서재필 어제 저녁 입경入京
> 남조선 최고 의정관南朝鮮最高議政官 자격으로 귀국 도상에 있던 서

서재필(왼쪽)과 딸 뮤리엘(가운데)을 맞이하는 김규식(맨 오른쪽).

재필은 예정대로 1일 하오 4시 인천항에 입항했다. 갑신정변 당시 미주로 망명하여 해외에서 반생을 보내고 백발로 돌아온 그를 맞이하기 위하여 김규식, 김성수, 여운형, 조병옥 경무부장 등 각계 대표와 관계 요인들과 친척, 국내외 신문기자단 등 환영 군중에 싸여 인천 부두에 상륙하자 수만 군중의 박수와 만세 소리는 해륙을 흔들었다. 그는 귀국의 제일성을 다음과 같이 말했다. "나의 귀국은 실로 49년 만이다. 이번 오게 된 것은 미국 시민의 자격으로 왔으나 개인으로서 의정을 돕기 위하여 오게 된 것이다. 앞으로 약 6개월간 체재할 예정이다. 짧은 시일이나마 젊은이들에게도 많은 관심을 돌려서 지도에 노력하겠다."4

왼쪽부터 김규식, 서재필, 여운형.

서재필의 귀국 소식에 가장 민감한 사람은 이승만이었다. 그의
측근이었던 로버트 올리버의 증언을 들어보자.

최근에 시내 전역에 몇 가지 각각 다른 삐라가 살포되고 정부가
수립되면 서재필이 대통령직을 수락할 것을 주장했다. 이 사람들은
이러한 삐라로 백만 인의 서명을 확보하려는 것이고 많은 중간파 사
람들, 좌익분자, 그리고 불평분자들이 이 계획을 지지하고 있다. 서
재필 박사는 수차에 걸쳐 자기는 한국을 돕기 위해 미국 시민권을
포기하게 될 것이라고 공식으로 밝혔다. 이것은 하지 장군이 한국을
떠나기 전의 마지막 책략이다. 그 사람은 자기의 가능한 모든 방법

을 다해서 한국 사람들의 일을 간섭할 때까지 간섭하며 평화로이 내
버려두지 않겠다는 뜻이다.[5]

이 증언을 들어보면 당시에 서재필에 거는 국민의 기대가 얼마
나 크고 뜨거웠는지, 또 이승만이 서재필의 등장에 얼마나 초조해
하고 긴장했는지 잘 알 수 있다.

50여 년 만에 밟은 고국 땅

1946년 7월 12일 오후, 서울운동장에서 서재필 환영 시민대회
가 성대하게 열렸다. 이승만, 김구, 여운형 등 정계 거물들도 대거
참석해 환영 연설을 했다. 시민들은 서재필을 열렬히 환영했다. 갑
신정변, 《독립신문》, 독립협회, 독립문, 만민공동회, 반세기가
넘는 기간의 망명……. 시민들은 그가 비록 노령이었지만 독립된
나라에서 큰 역할을 해주길 기대했다.

서재필은 환국 이후 미군정의 업무를 수행하면서 국내 정치에는
비교적 침묵을 지켰다. 그러던 중 8월 11일에 입법회의에 출석하
여 자신의 소견을 밝혔다. 정당·사회단체의 난립상을 지켜보며 우
려하는 마음을 터놓았다.

역사적으로 개관하면 2당 혹은 3당에 의한 정치가 인민의 의사

를 대표할 수 있고 적절하다. 1당 정치는 독재를 의미하며 개인의 자유를 억압하게 될 것이다. 동시에 1인 1당 식의 개인 이익을 도모하는 정당은 존재해서는 안 될 것이다. 또 생명도 없을 것이다. 그 반면 대중과 함께 있는 정당은 누차 실패를 거듭한다 하더라도 그 생명이 영원하며 확고할 것이다.

나는 이러한 대중의 지반을 가진 2개 당 혹은 3, 4개의 정당정치가 조선에 실현되기를 바란다. 나는 미국의 시민권을 갖고 있어 대통령이 될 수는 없으며 과거 60년간 조선을 위해 노력해왔듯이 언제나 조선을 위해 노력할 것이다.[6]

1947년 8월 15일, 두 번째 광복절 기념행사가 서울운동장에서 열렸다. 서재필은 이역에서 해방을 맞았기 때문에 사실상 조국 해방의 감격적인 기념행사는 처음이었다. 기념식에는 김구와 이승만 등 국내 지도자는 물론 미소공위의 미국 대표인 브라운 소장과 소련 대표인 스티코프 중장, 그리고 하지 장군과 터치 군정장관 등이 참석했다.

서재필은 축사 연사로 연단에 섰다. 짧은 내용 속에 단호함이 담겼다.

친애하는 국민 여러분!

약 60년 전에 조선 청년 몇 명은 처음으로 자유와 독립이라는 두 개의 신단어를 소개했던 것인데, 당시 위정자들은 이 신단어가 포함

서재필 귀국 환영회(1947).

하고 있는 사상을 극히 위험한 것이라고 생각하고 그 청년들을 죽이려고 했습니다. 그리하여 그중 몇 사람은 죽게 되었으나 전부 다 죽이지는 못했던 것으로 이 사람도 그 당시 체포를 면한 사람 중의 하나이었던 것입니다. 우리는 참된 자유와 독립이 실현되는 해방기념일이 되도록 노력하여 이날을 축하합시다.[7]

그러나 해방정국은 우리 민족 구성원이 주체적으로 움직이지 못했다. 미군정이 주역이고 한민족은 조연에 불과했다. 이 와중에 친일파가 다시 한국 사회에 재등장하고, 독립운동 주류는 변방으로 밀려났다.

독립운동 진영에서도 노선 차이가 있었다. 이들은 크게 통일정
부 수립파, 단독정부파, 중도파로 나뉘었다. 서재필은 통일정부 수
립파 측에 가까웠다. 김구와 김규식은 통일정부 수립론자이고, 이
승만은 단독정부 수립론자였다. 서재필이 언론과 한 인터뷰 내용
에 그의 생각이 잘 담겨 있다.

문: 총선거에 대한 박사의 견해 여하?

—군정은 우리 정부가 아니므로 우선 정부를 세워야겠다. 그러나 통
  일된 정부를 전제로 한다.

문: 선거의 분위기에 대하여 물의가 많은데?

—무엇이든지 압제하는 것은 반대한다. 내가 등록할 권리가 있으면
  등록하여 그러한 전제자와 내 힘껏 솔선하여 싸우겠다.

문: 양 김 씨를 중심으로 남북협상이 진전되고 있는데 박사의 전망
  은?

—그 정신은 극히 좋다. 남북협상이 잘 되어서 통일되기를 바란다. 통
  일만 된다면 나도 따라가겠다. 이에 대한 사전의 기우는 불가한다.

문: 변무관 파견설이 있는데?

—나는 모르나 제이코프 씨의 말에 의하면 그러한 일은 없다고 한다.[8]

독립문 건립 50주년

미군정이 관리하는 서울시는 1947년 11월 23일에 독립문 건립 50주년을 맞아 '독립문 건립 봉헌식 50주년' 기념행사를 현장에서 거행했다. 이 자리에 독립문 건립의 주역인 서재필을 초청했다. 반세기 만에 뜻깊은 기념일을 맞은 서재필은 감격적인 축사를 했다. 이 시기 서재필의 시국관을 엿볼 수 있다(내용 중 일부 발췌).

지금으로부터 약 50년 전에 나는 지금 서 있는 이 자리에서 우리 조선 사람의 자유와 독립을 위하여 이 문을 바쳤습니다. 반세기 후에 다시 이 자리에서 오늘 우리가 거행하는 바와 같이 같은 목적을 위하여 같은 문을 또다시 바치게 되리라고는 꿈에도 생각지 못했습니다.

내가 없었던 그동안 조선 및 그 밖의 세계에는 여러 가지 놀랄 만한 사건이 발생했습니다. 러시아와 일본의 전쟁이 이 문을 세운 지 몇 해 후에 일어났고 조선은 일본의 관리하에 진입하게 되었습니다. 그 이후에 어떻게 되었는가는 여러분이 잘 아시는 고로 내가 이를 길게 설명할 필요가 없을 것입니다.

내가 이 자리에 다시 돌아와서 이 다시 바치는 성전에 참석하게 된 것을 기쁘게 생각하며 또 여러분께 이 문이 왜 건축되었으며 어떻게 이것이 건축된 것인지를 간략하게 말씀하게 된 것을 기쁘게 생각합니다.

서기 1895년 마관조약(시모노세키 조약-필자)이 체결된 이후 조선의 독립을 중국과 일본이 승인했습니다. 일찍이 1881년에 조선의 독립은 세계의 열강이 승인했습니다만은 이 마관조약 이후로 실상 조선의 주권에 대한 의혹이 없어졌습니다.

나는 미국서 10년간 공부한 후에 1896년 병신년 1월 1일 조선으로 돌아와서 조선은 백지의 독립이요, 현실의 독립이 아닌 것을 발견했습니다. 그 이유는 국내의 심한 혼돈상태와 당시 그 이웃 나라들 중에 성행하는 침략정책이 그 원인이었던 것입니다.

내가 조선에 도착한 당일 조선 정부는 이미 일본인의 장중에 있었고 4일 후에는 러시아의 장중에 있게 된 것을 알았습니다. 물론 나는 매우 낙망했고 조선의 장래에 대한 전망은 그다지 광명스럽지 못했습니다. 그때 내 생각에는 조선이 그 이웃 나라 중 한 나라의 기회밖에 없었는데 이것은 조선인 자체로서 대내·대외 정책을 현명하게 개혁하고 그 내부의 근본적 변경을 함에 있다고 했습니다.

지금은 이것이 모두 역사로 변했습니다. 우리는 이에 너무 많은 시간을 쓰지 말아야겠습니다. 그러나 오늘에 나는 여러 해 전의 조선 사람과 외국 친구들에게 말한 것과 꼭 같은 권고와 요청을 하고 싶습니다. 조선은 아직도 많은 개혁을 해야겠고 조선은 내부적 정세와 외국의 감상은 현저히 달라졌습니다.

조선 사람이 자민족의 여러 가지 방면에 더 좋은 결과를 얻기 위하여 개혁의 필요를 깨달음을 나는 믿으며 또 이 문명한 세계가 조선이 자주 정부를 요구함이 정당함을 한층 더 이해한다고 나는 믿습니다. 조선에 관한 국제연합의 임시위원단이 무엇을 할는지 지금 예언하기는 너무 이르지만 저들은 조선 사람의 처지에 동정적이요 공평할 것을 나는 확신합니다.

조선 사람에 대한 나의 권고와 국제연합 위원단에 대한 나의 희망은 이번에는 50년 전보다는 더 나은 성과를 거두기를 바라는 바입니다.

이 점에서 나는 조선의 태생으로서 나의 양가인 미국에 대하여 몇 마디 감사를 드림이 틀린 일은 아닌 줄로 생각합니다. 미국은 나의 조국을 해방했고 또 유능하고 용감한 사령관 하지 중장의 지휘하에서 미군이 그 우수하고 건설적인 사업을 한 데 대하여 나는 진실한 감사의 뜻을 표명하는 바입니다.

오늘 나는 조선 문제가 그렇게 성공적으로 국제연합 총회에 제출된 데 대하여 또한 얼마나 감사한지 나는 공적으로 말씀하고 싶습니다. 이것이 만약 미국 정부의 노력이 아니었다면 이 문제는 해결 도상에 이르지 못했을 것입니다. 지금은 참으로 내가 조선의 장래에 대하여 희망을 가졌습니다.[9]

이승만 행태 신랄히 비판

김규식은 이승만의 정치적 적수가 못 되었다. "여러 가지 면에서 이승만은 정치적인 타산이 앞서는 인물이었던 반면에, 김규식은 도의에 밝은, 그리고 정서적인 인물이었다."[10] 이승만은 김구와 여운형을 미국이 '제쳐놓은' 인물이라고 여기고, 김규식을 남북협상파라고 생각해서 서재필을 정치적 라이벌로 상정하고 있었다. 80이 넘은 노령인 서재필을 굳이 미국이 불러올 때부터 심상치 않은 조짐으로 보았다.

서재필은 남북협상을 통한 통일정부 수립을 바랐다. 이승만의 분단정부 수립 추진이 달가울 리 없었다. 해가 바뀐 1948년 초부터 남한의 정세는 단정수립 쪽으로 분위기가 바뀌었다. 모스크바 삼상회의 결과로 열리게 된 미소공동위원회가 결렬되고, 미국이 한국 문제를 유엔으로 넘기면서 정세가 단정 쪽으로 급선회하기에 이르렀다. 이승만은 1946년 6월에 미국으로 가서 남한 단독정부 수립계획을 설명하고 자신을 지지해줄 것을 호소했다.

서재필은 이승만의 행태가 마음에 들지 않았다. 소련을 적으로 만들고 단독정부를 수립하면 영구분단은 피할 수 없는 막다른 길이 될 것이라 내다봤다. ≪신민일보≫와 한 회견에서 서재필은 이승만을 매섭게 비판했다.

미국이 이승만 박사를 한국으로 내보낸 이유는 한국 국민에게 이익을 주기 위한 것이었습니다. 미국은 이 박사가 전 국민을 통합하고 지도하기를 위해 그를 밀었습니다. 하지 장군은 그를 친절하게 대했고 적극적으로 지지했는데, 이 박사는 하지 장군을 한국에서 쫓아내기 위한 운동을 전개했고 또 그는 한국에 도착하자마자 공산당원들은 소련으로 가야 한다고 하며 극렬한 반소운동을 전개했습니다.

따라서 한국에 있어서 미국과 소련 간의 관계가 매우 긴장하게 되고, 하지 장군의 입장도 곤란하게 되었지요. 이 박사가 이 극우적인 운동을 이끌어가고 있으므로 미국 정부에서는 그를 지지하는 것은 한국의 통일에 지장이 된다고 생각하여 하지 장군더러 중간파를 이끌 수 있는 지도자를 고르도록 지시를 했는데, 하지 장군은 이 지시문을 이 박사에게 보고, 그의 양해하에 김규식 박사가 중간파의 지도자로 선택된 것입니다.

이 박사는, 김규식 박사는 매우 좋은 사람이니 중간파의 지도자로 좋다고 했고 김 박사가 지도자가 되는 것을 열렬히 찬동했습니다. 그래서 김규식 박사가 좌우합작위원회의 위원장이 되었고, 과도입법의원의 의장이 된 것입니다.

그런데 이 박사는 미국에 돌아가서 샌프란시스코에서 있은 기자회견에서 하지 장군은 공산당에게 모든 원조를 주었고 독립에 방해를 하고 있다고 공격을 했고 따라서 그는 미국 정부더러 하지 장군을 소환하도록 하기 위하여 미국에 돌아온 것이라고 했습니다.

저는 이 기사를 읽고 그에게 충고를 하기 위해 워싱턴에 가서 그를 만나고 그에게 "당신은 무슨 권한이 있어서 하지 장군을 사직시키려 하는 것이오. 당신에게 그런 권한Power이 있다고 생각하오? 미국 사람들은 당신이 누군지도 모르는데 어떻게 당신이 그들을 움직이려고 하시오?" 하고 충고를 했지만 이 박사는 "나는 절대로 자신이 있다"고 하고 뽐을 냈었지요.[11]

이승만은 서재필의 인터뷰를 선전포고로 받아들였다. 서재필이 남한에서 선거를 반대하는 것처럼 매도하면서 지면을 통해 연일 서재필에게 공격을 퍼부었다. 서재필로서는 감당하기 어려운 상황이었다. 서재필이 오로지 통일정부 수립을 위한 생각에서 토한 발언을 이승만은 정략으로 공격해왔다. 이때 서재필을 대통령으로 추대하려는 움직임도 서서히 나타났다.

> 서재필을 추대하여 독립이 된 후에 대통령으로 모시자는 운동이 서울 장안에서 일어나 서재필의 입장을 더욱 거북하게 하기도 하고 이승만 계열에게 좋은 공격의 빌미를 만들어주기도 했다. 이 운동은 옛날 서재필이 독립문을 세울 때에 한 연설을 듣고 감명을 받았다고 한 정인과 등을 중심으로 일어난 것으로 독립협회라는 명칭하에 거행되었는데, 서재필은 "조국의 독립이 되느냐 안 되느냐의 위기에 서 있는 이때, 이러한 정당조직을 하는 것은 우리나라를 더욱 혼란케 할 뿐이요 아무 효과가 없을 것"이라는 말로 추대되기를 거절했으나 서재필 추대운동은 꼬리를 물고 신문지상에 보도되었고, 이승만 계열의 독립촉성국민회에서는 서 박사 추대운동에 대하여 전적으로 반대운동을 일으킬 것을 결의하는 등 불미스러운 사태가 일어났다.[12]

서재필은 자신을 대통령으로 추대하는 움직임에 거부 의사를 밝혔다. 그러나 서재필의 의사와 상관없이 서재필 대통령 추대 운동은 확산되었고, 이는 이승만 계열 세력이 서재필을 공개적으로 비판할 수 있는 빌미를 제공했다.

'서재필 대통령' 추대 운동

1948년 5월 10일, 남한에서 국회의원 총선거가 실시되었다. 미소공동위원회가 1947년 8월에 최종 결렬되고, 한국 문제가 국제연합UN에 상정되어 1948년 3월 31일까지 UN의 감시하에 한국총선거를 실시하기로 했으나 소련의 반대로 남한에서만 단독으로 총선거가 실시되었다. 김규식과 김구 등 남한 단독정부 수립을 반대하는 이들은 남북대표자연석회의를 위해 북녘에 다녀오는 등 최후까지 노력을 다했으나 끝내 실패하고 말았다.

5월 31일에 최초의 국회가 개원되고, 7월 17일에 헌법을 공포했다. 유진오 등 헌법기초위원들의 초안에 제시된 정부 형태는 내각책임제였다. 그러나 이승만의 압력으로 대통령중심제 헌법으로 만들어졌다. 서재필은 내각제를 주장했으나 수용되지 않았다.

정계 일각과 흥사단 계열을 비롯한 사회단체에서 서재필을 대통령으로 추대하려는 운동이 전개되었다. 이들은 1948년 6월 11일과 18일에 회의를 열고 「서재필 박사 대통령 추대 간원문」을 채택했다.

우리의 갈망고대하는 독립정부의 수립이 목전에 임박하여 국민으로 하여금 심원한 용의와 주도한 활동을 요하는 시기에 도달했나이다.

현하 조국의 정세는 남북의 통일, 민정의 수습, 국체의 수호 등 중대문제가 나열되어 위대한 영도자를 갈구하는 현실에 비추어, 각하의 출마를 갈망하는 동시에 좌기 사항에 관한 각하의 결의를 간절히 원하나이다.

1. 각하의 국적을 조국에 환원하실 것.
2. 조국의 영도자로 헌신하실 것.[13]

헌법에 따라 대통령은 국회에서 간선으로 선출하게 규정되었다. 김구와 김규식 등이 제헌국회 참여를 거부하고, 여운형은 이미 1947년 7월에 암살당함으로써 친일지주계급인 한민당과 이승만 계열이 의석을 석권하고, 한민당은 공공연히 이승만 지지를 선언하고 나섰다.

서재필이 들어설 공간이 없었다. 서재필은 분단정부의 수반이 되는 것을 탐탁하게 여기지도 않았다. 이에 성명을 내어 자신은 대통령 후보가 될 생각이 없음을 만천하에 밝힌다. 성명의 제목은 「대통령 입후보 않는다」이다.

나는 조선 각지로부터 나에게 조선 대통령 입후보를 요청하는 동시에 내가 출마하는 경우 나를 지지하겠다는 허다한 서신을 받았다. 나는 그들의 후의에 깊이 감사하는 한편, 나는 과거에 있어 그 관직에 입후보한 일이 없으며 지금도 그리고 장래에도 그러하지 않을 것이라는 뜻을 그들에게 전달해야 할 것이다.

설혹 나에게 그 직위가 제공된다 하더라도 나는 그것을 수용하지 않을 것이다. 나는 미국 시민이며 또한 미국 시민으로서 머물 생각이다.[14]

제헌국회의 의석 분포상으로 보아 이변이 없는 한 서재필이 대통령에 당선되는 건 불가능한 상황이었다. 본인도 '권력 욕망'이 별로 없었다. 50여 년 만에 고국으로 돌아온 뒤 그는 권력을 추구하려는 노력보다 국민교육을 증진하기 위한 활동에 더 많은 시간을 보냈다.

서재필은 1948년 7월 10일에 하지 사령관을 만나 미군정 특별의정관직 사임 의사를 전했다. 국회가 구성된 이상 미군정에서 더 해야 할 일이 남아 있지 않았다. 서재필은 이승만을 만나기 위해 이화장으로 갔다. 이승만에게도 미국으로 다시 떠난다며, 마지막으로 부탁의 말을 전했다.

이 박사, 나 미국으로 떠나려 하오. 내 떠나기 전에 한 가지 부탁을 하려오. 김 박사(김규식)와 김 주석(김구) 같은 인물과 함께 힘을 계속하시오. 지금 어려운 시기에 이들이 떨어져 나간다는 것은 힘의 약화를 뜻하는 것이니, 다시 화합할 수 있는 길을 모색하기 바라오. 이 박사의 건투를 빌겠소.[15]

이 자리에서 이승만은 김구와 김규식을 용공으로 모는 특정한 유인물을 꺼내 보이면서 무척 언짢은 표정을 지었다. 서재필은 나라의 앞날이 순탄치 않으리라 직감하면서 이화장을 떠났다. 그 직감은 안타깝게도 틀리지 않았다. 서재필이 이승만에게 특별히 협력을 강조했던 두 인물의 앞날은 나라의 앞날만큼이나 기구했다. 김구는 이로부터 얼마 지나지 않은 1949년 6월 26일에 안두희에게 암살당하는 비극을 겪고, 김규식은 한국전쟁 중에 납북되어 전쟁 중에 사망하는 운명을 맞았다.

국회에서는 경남 고성 출신 이구수 의원이 긴급 발언을 통해 서재필의 출국을 만류하도록 대책을 세울 것을 정부에 제의했다. 몇몇 의원은 서재필을 찾아가 국내에 남아달라고 요청했다. 설득이 안 되자 정부수립 때까지만이라도 체류해달라고 요청했다.

예상한 대로 이승만이 대통령에 선출되었다. 개표 중에 서재필의 이름이 나오자 이승만을 지지하는 의원들이 "서재필은 미국 시민권자이므로 이를 무효화로 처리하라"라고 소리치는 등 한바탕 소란이 일기도 했다.

광복 3주년인 1948년 8월 15일, 정·부통령 취임식과 함께 대한민국 정부 수립 행사가 거행되었다. 국치 38년 만에 정부가 수립되었으나 반쪽 정부였다. 게다가 9월에는 북쪽에서 또 다른 정부가 수립되면서 많은 사람들이 우려한 대로 한반도는 분단의 비극을 맞았다.

고국을 영원히 떠나다

서재필은 국내에서 정치적인 활동보다 주로 국민교육에 관심을 쏟고 시간을 보냈다. 나라가 다시는 국권을 상실하는 일이 없도록 하기 위해서는 국민이 깨어나고 근대적 민주주의 정신으로 무장해야 한다고 믿었기 때문이다. 그래서 1947년 9월 12일부터 금요일 저녁마다 라디오 방송에 출연해 계몽 강연을 했다.

강연 주제는 국내외의 시사 문제도 없지 않았지만, 민주주의와 시민교육, 국민건강과 사회질서 문제 등 일반 시민들이 갖춰야 할 상식에 중점을 두었다. 그의 강연은 출국하기 직전인 1948년 8월 27일까지 이어졌다.

이승만이 권력을 잡기 위해 단체를 조직하고 자금을 모으는 등 분주할 때 서재필은 민주주의와 통일교육에 마지막 열정을 바쳤다. 한 신문은 서재필의 활동에 대해 다음과 같이 소개하며 국민이 감사히 여기고 있다고 보도했다.

오늘 밤 머지않아 조국을 떠나게 되실 노장 개화 지도자 서재필 박사가 마지막 방송을 하게 될 것이다. 작년 7월 1일에 80이 넘은 고령의 정치가가 49년 만에 한국으로 귀국한 이래, 그는 계속 지칠 줄 모르고 한국의 통일과 독립을 위해 노력해왔다. 그의 많은 활동 가운데는 작년 9월 12일부터 시작해 무려 40여 회에 걸친 서울방송을 통해 그가 실시해온 주간 방송 연설이 들어 있다.

이 방송을 통해 서 박사는 청취자들에게 산업건설과 한국의 통일 독립 달성을 위해 부지런히 노력하도록 권유했다. 온 국민은 그가 떠나게 된 것을 섭섭히 여기는 동시에 그가 이제껏 해온 일에 대해 감사히 여길 것이다. 그리고 우리가 그에게 감사하는 길은 그의 지혜로운 음성을 계속 살려 그의 권유를 실천에 옮기는 일이다.[16]

서재필은 귀환한 지 1년여 만에 고국을 떠나기로 했다. 조국은 독립이 되었으나 반쪽 정부가 수립되고, 독립운동에 평생을 바친 애국지사들은 대부분 새 정부가 수립되는 과정에서 소외되었다. 정부 수반이 된 이승만을 오랫동안 미국에서 지켜본 결과 그는 민주주의 신봉자가 아니었기에 서재필은 불안감을 떨치기 어려웠다. 분단 정부를 추진해온 전력으로 보아 통일도 쉽지 않아 보였다.

1948년 9월 11일, 서재필이 출국하는 날이었다. 아침부터 그동안 미군정 측에서 마련해주었던 숙소인 조선호텔에는 김구, 이용설, 손원일 등 각계 인사 100여 명이 찾아왔다. 이들과 석별의 인사를 나누고, 1년 전에 입국했던 인천항으로 다시 향했다. 환국 1년 2개월 만이었다.

그는 딸과 함께 다시 조국을 떠났다. 이때가 마지막 길이었다. 서재필은 그 뒤 고국 땅을 다시는 밟지 못한다. 한 신문은 다음과 같이 보도했다.

귀미하는 노혁명가 서재필 박사는 11일 상오 8시 40분경 영양(딸)

을 동同하고 인천에 귀착하여 동일 오후에 출범할 예정인 제너럴 하지호로 미국으로 향하게 되어 서울로부터 래인한 김규식 박사, 안재홍 씨, 수도청장 김태선 씨, 미인美人 고문 크린 중좌를 위시한 다수 고관들의 환송리에 귀미에 올랐는데 승선 전 동 박사는 기자들에게 다음과 같이 말했다.

문: 박사가 50년 전 망명하실 때와 같은 항구에서 또다시 고국을 떠
　　나는 감상은?
답: 50년 전 그날의 감상이나 오늘의 감상이나 다른 점이 없다.
문: 남한 정부가 UN의 승인을 획득할 것으로 보는가?
답: 다소 난색이 있을 것으로 보인다.
문: 통일독립국가를 조속히 수립하는 방법은?
답: 4천 년 역사를 가진 대한민족이므로 분리될 리 없다. 당파 싸움
　　과 정치이권을 떠나 권리를 잘 이용하여야 자주독립국가를 찾
　　을 수 있을 것이다.
문: 대한민국 국민의 자격으로 돌아올 생각은 없는가?
답: 명命이 길면 돌아오겠다.
문: 동포에게 부탁할 말은 없는가?
답: 조속히 통일국가를 수립하여 잘 살기를 바란다.[17]

14. 미국 귀환과 서거

이승만에게 민주통일국가 당부

9월 25일, 서재필은 다시 미국으로 돌아왔다. 인천항을 출발한 지 14일 만이었다. 샌프란시스코항에 도착하자 큰딸 스테판을 비롯하여 교포 40여 명이 반갑게 맞아주었다. 교포들의 요청으로 로스앤젤레스에 들러서 국민회가 주최하는 교회와 환영만찬에 참석해, 국내 사정을 자세히 설명했다.

배를 타는 긴 여행이었으나 건강은 비교적 괜찮은 편이었다. 펜실베이니아주 메디아의 집으로 돌아오고 며칠이 지난 10월 23일에 서재필은 이승만 대통령에게 대한민국의 평화와 통일을 이루어달라는 편지를 보냈다. 비록 옛적의 제자이지만 대통령에 대한 예우를 갖춰 자신을 스스로 제弟라고 표현했다.

태평양 연안에서 수일 체류한 후에, 약 1주일 전 우리들은 무사히 귀가했습니다. 제弟의 건강 상태는 서울을 떠날 때보다는 약간 나은 듯하오나 아직도 얼마 동안 더 휴양을 하여야 할 듯합니다. 제는 대한민국이 당분간 현 정부에서 평화와 통일을 유지하는 것은 절대적으로 필요하다는 것을 잘 인식하여야 한다고 생각합니다.

그렇지 않으면 국제연합 총회는 대통령에 있어서 민주독립정부를 인정치 않을 것입니다. 이 인정을 획득하는 것은 대한인에게 보다 나은 장래를 의미하는 것입니다. 그렇지 못하고 실패한다면 장래에 있어 얼마 동안 더 불행을 겪어야 한다는 것을 의미합니다.[1]

서재필은 신익희 국회의장에게도 마찬가지로 감사와 당부의 편지를 보냈다.

나는 인천을 떠나 긴 여행 후 무사히 돌아왔습니다. 덕택으로 나의 건강은 상당히 회복했습니다. 그러나 아직도 휴양이 필요합니다. 귀하께서는 내가 그곳을 출발하기 직전에 국회의원들이 나를 만류해달라는 뜻을 전달했습니다. 귀하께서는 이 편지를 보신 후 내가 충심으로 국회의원 제위의 우정에 감사하고 있으며 될 수 있으면 그러한 우정에 보답하려고 하는 것이 나의 진의라는 것을 의원 여러분께 전해주시기를 바랍니다.

나는 몸은 비록 한국에 있지 않지만, 나의 마음은 최대다수의 최대행복을 누리는 민주주의의 원칙에 입각하여 신국가 재건에 분투·

노력하시는 의원 제위와 동포 여러분을 생각하고 있습니다. 내가 귀하에게 약속한 바와 같이 모든 것이 잘되어 가면 나는 나의 고국을 또다시 방문을 하여 나의 힘을 다하여 여러분을 도우려 합니다.

나는 여러분께 지지를 서약하신 헌법의 문구와 정신에 입각하여 신생 대한민국을 유지하시기를 기원하나이다. 한국의 지도자들은 합심하여 그들의 역할을 다 하면 한국의 앞길은 양양하다고 믿는 바입니다.[2]

서재필은 몸은 비록 고국을 떠나왔으나 정신은 고국 땅에 그대로 남아 있었다. 진정으로 새 정부가 잘해주기를 빌었다. 대통령과 국회의장에게 보낸 편지 그대로 신생 대한민국의 발전을 기원했다.

1949년, 해가 바뀌어 다시 돌아온 3·1절을 맞은 서재필은 고국에 있는 동포들에게 방송을 통해 메시지를 보냈다. 3·1 운동의 정신을 다시 깨달아서 남북이 통일하여 하나가 되어야 한다고 역설했다. 이 연설의 제목은 「3·1절에 즈음하여 조선 동포에게 고함」이었다. 그 내용 중 일부분을 들어보자.

내 생각에는 한국이 없어지기를 원하는 사람은 남방에도 없을 듯하고 북방에도 없을 테니, 다만 그 사실을 알 것 같으면 설령 이론異論한다든지 반대하는 사람이라도 모두 한국 사람이 될 듯하오이다. 한 집안으로 4천 년을 살아왔는데 왜 지금 나뉘어서 두 집이 될 까닭이 어디 있습니까? 둘이 되면 둘이 다 약해지고 살 수가 없을 터이니 한 배 속에 든 것 같아서 한쪽 배가 무너지면 저쪽도 망해지는 법이오. 그러니 아무쪼록 그 배를 보호해서 무너지지 않게 하는 것이 첫째 목적이오. 그 목적을 잊어버리지들 말고 설령 이론하는 사람이더라도 그것을 성내서 원수같이 알지 말고 설명해서 지혜 있는 말을 해주면 한국 지탱의 여망이 대단히 크오이다.[3]

계속되는 고국의 불행한 소식

서재필은 건강을 회복했다. 다시 생활비를 벌기 위하여 1949년 봄에 병원을 개업하고자 했다. 80이 넘은 나이에 병원을 개업한다는 건 쉽지 않은 결심이었다. 다행히 미국 사회는 연령을 이유로 사업 문제를 따지지 않았다.

그러던 중 고국에서 불행한 소식이 전해졌다. 백범 김구가 1949년 6월 26일에 사망했다는 소식이었다. 평생을 조국의 독립과 통일정부 수립에 헌신해온 김구는 정부수립 이듬해에 이승만의 수하들에 의해 대낮에 경교장에서 암살당했다. 서재필은 비통한 마음을 가눌 길이 없었다. 6월 28일에 자신의 비서였던 임창영에게 보낸 편지에 이렇게 썼다.

나는 김구 선생이 암살당했다는 소식을 듣고 매우 유감스럽게 생각하오. 암살 이유는 모르지만 하여간 이것은 세계의 이목 앞에 한

1948년경의 서재필.

국의 명예를 훼손시키고 있소. 범인이 처벌받게 되기를 바라오. 또
한 오늘 나는 라디오를 통해 주한 유엔위원단의 특보에 의하면 남북
군대 간에 전투가 일어났다고 말한 것으로 들었는데 자세한 내용은
모르지만 그 보도에 관해 무척 걱정이 되고 있소.[4]

고국에서 들려오는 소식들은 대개 불안하고 불길한 소식들이었
다. 정부에 비판적인 국회의원 17명을 구속하는 등 폭압통치(국회 프
락치 사건)가 자행되는가 하면, 친일반역자들을 단죄하기 위해 시작
한 반민특위가 이승만의 비호 아래 국립경찰에 의해 해체되었다는
소식이 연이어 전해졌다.

일제강점기 한국에서 YMCA 활동을 하면서 항일운동에 참여했던 신흥우와 안재홍, 양주삼 등이 편지로 고국의 소식을 보내왔다. 이승만과 그 부인의 탐욕에 관한 이야기도 있고, 서재필이 다시 귀국하여 나라의 위태함을 바로잡고 자신들을 지도해달라는 내용도 있었다.

서재필이 다시 병원을 차리고 있을 즈음, 건강에 이상신호가 왔다. 진찰해보니 방광암이었다. 엎친 데 덮친 격으로 고국에서는 그 어떤 소식보다 불행한 소식이 들려왔다. 한국전쟁의 발발이었다. 자신이 그토록 우려했던 일이 현실로 나타났다. 80이 넘은 노인에게 육체의 병마와 고국의 동족상잔 소식은 몸을 지탱하기 어렵게 만들었다. 한국전쟁 소식을 듣고 펜을 들 힘도 없어서 큰딸 스테파니에게 구술해 임창영에게 편지를 썼다.

> 나는 신속히 전쟁이 끝나는 것을 보기를 원하는 동시에 동포들이 어떤 교활한 외국 정부를 위해 불구덩이에서 밤을 꺼내려고 고양이의 발 노릇을 하지 않게 되기를 바라고 있소. 일단 소련인들은 한국인들을 바보로 만들었소. 한국인들에게는 잃은 것뿐이고 얻은 것이라고는 없으니 말이오. 그들은(남북한 동포들) 모두가 잘못을 깨닫고 모든 사람을 위한 통일된 민주국가를 건설하기 위해 협력해나가도록 노력하게 되기를 바라오.[5]

서재필의 병세는 날로 나빠졌다. 자택에서 두 딸의 간호를 받으며 지냈다. 그러던 1950년 12월 어느 날에 임창영이 찾아왔다. 서재필이 속마음을 털어놓을 수 있는 몇 안 되는 측근이었다. 임창영은 뒷날 자신의 책에서 이때 서재필이 조국의 여러 가지 문제를 유언처럼 토로했던 내용을 다음과 같이 정리했다.

이 전쟁은 어리석은 데서 시작되었다. 역사의 이 시점에서 전쟁으로 이익을 볼 수 있다고 생각하는 자가 있다면 그자는 바보야. 원자 시대에 국가의 정책수단으로 전쟁을 한다는 것은 후손들에 의해 영원히 저주받을 일이요, 전쟁이 합리화되는 것은 국가존폐 문제가 분명히 문제시되었을 때에 한하는 것인데 이제 한국전쟁은 작은 나라에서 이제껏 전례 없이 파괴적인 무기들을 가지고 싸우는 세계전쟁으로 화했고, 따라서 힘없는 한국 동포들은 무자비한 교전의 화 속에 끼어 이미 수십만이 목숨을 잃을 거요.

또 수백만의 무고한 사람들이 불구자가 될 것이고 도시와 농촌들은 폐허로 변할 것이며 생존자들은 참상 속에서 수 세대 동안이나 서로가 서로에 대해 극도의 적개심을 가지고 살게 될 것이니 이 얼마나 미친 짓이오.[6]

위대한 선각자, 영원히 눈을 감다

두 딸의 간호에도 서재필은 끝내 병석에서 다시 일어나지 못했다. 1951년 1월 5일, 필라델피아 메디아 자택에서 87세를 일기로 눈을 감았다. 조선 말기 격동기에 태어나 개화운동에 앞장서고 망명과 추방을 거듭 당하면서 30여 년은 조국에서, 60여 년은 미국에서 활동한 특이한 삶을 살다가 이역에서 서거했다.

　장례는 1월 8일 성공회 목사의 집례로 거행되고, 화장하여 필라델피아 코렐묘지에 안장되었다. 서재필의 서거를 맞아 미국의 한 지역 신문이 사설에서 그의 파란곡절 많은 삶을 정리했다.

　　세상에서 가장 적극적인 한국 독립운동 지지자 가운데 한 사람인 메디아시의 서재필 박사가 오늘 안장되었다. 한국 태생인 서재필 박사는 젊은 시절부터 자신과 한국 민족의 자유와 독립을 되찾기 위한 불타는 정열을 품어왔고, 그 갈망을 행동으로 옮겼다. 불행히도 그의 작은 고국은 열강의 세력이 교차하던 곳이었다.

　　침략국들에 대한 그의 투쟁은 끝이 없었고, 더욱이 승리는 불가능했다. (…) 그러나 그는 미국 시민이 되고 난 후에도 한국 독립운동을 포기하지 않았다. (…) 서재필 박사의 생애는 그의 고국과 귀화한 나라에서 자유와 정의를 위한 열망으로 특정지어졌다. 그런 의미에서 그는 여러 나라 역사상의 요란했던 인물들과는 달랐다.

　　그들 행동의 동기는 개인적인 권력에 대한 욕망이었으며, 그들은 국민에 통제권을 부여하는 정부 제도에 반대했다. 대부분의 참다운 역사적 위인들과 마찬가지로, 서재필 박사도 살아 있는 동안보다 그의 죽음과 함께 그가 귀화한 사회에서 더욱 높이 평가되었다.[7]

서대문 독립공원에 세워진
서재필 동상.

　미국 교포사회는 1974년 5월 필라델피아 한인회에서 '서재필 박
사 기념비 건립위원회(위원장 임상덕)'를 구성하고 모금운동을 시작
했다. 기념사업회는 그의 유해가 안치된 델라웨어주 로스트리 공
원에 서재필 기념비를 착공하여 1975년 11월 22일에 완공했다. 대
한민국 정부는 1977년에 건국훈장 대한민국장을 추서하고, 2008
년 5월에 워싱턴 미국대사관 영사부 앞에 서재필의 동상을 세웠다.

　서재필의 유품은 1986년에 천안 독립기념관에 기증되어 보관·
전시·연구되고 있다. 고인이 남긴 유품 중에는 우리나라 독립운동
사에 길이 남을 각종 사료·자료가 많다. 1994년 4월 8일, 대한민국

정부는 서재필의 유해를 서울 동작구 국립묘지 애국지사 묘역으로 이장했다.

서재필 선생 연구에 조예가 깊은 이정식 교수는 그의 저서 말미에 "많은 거성들 중에서도 송재 서재필은 가장 빛나는 큰 별"이라고 덧붙였다.

> 우리 민족의 최근 세사를 살펴보면, 민족을 사랑하고 애국운동에 몸을 담았기 때문에 반생 이상을 해외에서 망명객으로 보낸 인사들이 너무나도 많다. 그리고 애국운동을 하다가 몸을 바친 아까운 생명들이 역시 무수하다. 8·15를 기하여 얻은 해방, 그리고 그 후의 고난 속에서 이룩된 모든 발전은 이들 애국지사들의 크고 작은 공헌이 쌓여서 이룩된 결정結晶이라고 아니할 수 없을 것이다. 그러나 그 많은 거성들 중에서도 송재 서재필은 가장 빛나는 큰 별 중의 하나였다.[8]

『서재필과 이승만』을 쓴 언론인 송건호는 서재필을 다음과 같이 평가했다.

> 송재 서재필의 평생이야말로 애국지사의 일생이었으며 만민평등과 자유민주의 사상을 몸소 실천한 위대한 선각자의 일생이었다. 그는 실천을 제1의 미덕으로 삼았으며 조국의 경제·정치·문화·산업이 한결같이 발전되기를 진심으로 열망했으며 또한 이를 위하여 몸소

헌신했던 것이다. 그가 가장 싫어했던 것은 관존민비사상과 고루한 봉건적 유습이었으며, 스스로 개척하려는 의지가 없는 것과 게으름과 의뢰심이었다.

　　그는 이 땅에서 다시 견줄 바 없는 개혁·구국·자유·독립의 애국투사였으며 조국의 장래와 동포의 안녕과 행복을 위해 헌신적인 봉사를 아끼지 않은 위대한 사랑의 봉사자였다. 그의 위대한 인격과 그가 이 땅에 남긴 불후의 업적은 이 땅에 길이 빛날 것이며, 이 민족의 가슴속에 영원히 살아남을 것이다.[9]

서재필기념회는 2002년 4월 7일 신문의 날에 즈음하여 천안 독립기념관 뜰에 '서재필 어록비'를 세웠다. "합하면 조선이 살 테고 만일 나뉘면 조선이 없어질 것이오. 조선이 없으면, 남방사람도 없어지는 것이고 북방사람도 없어지는 것이니 근일 죽을 일을 할 묘리가 있겠습니까. 살 도리들을 하시오."

우리나라 독립운동을 많이 도왔던 H. B. 헐버트의 글을 인용하면서 이 글을 마무리한다. "개화파들은 자기들이 살고 있는 시대보다 훨씬 앞선 시대에 살고 있으며, 그들이 원하는 것은 곧 그들 조국의 무궁한 번영이었다. 조선이 그것을 원하지 않았다고 해서, 그리고 조선이 그들을 받아들이지 않았다고 해서 그들에 대한 찬사가 감소될 수는 없을 것이다. 그들의 충의는 어느 누구보다도 순수한 것이었다."[10]

주(註)

1. 격동기에 태어나다

1) 신복룡, 「서재필의 생애와 활동」, 서재필기념회 엮음, 『서재필과 그 시대』, 서재필
기념회, 2003, 13쪽.

2) 이홍식, 「김성근 조(條)」, 『국사대사전』, 대영출판사, 1976.

2. 청소년 시기

1) 김도태, 『서재필 박사 자서전』, 을유문화사, 1972, 56쪽.

2) 역사문제연구소, ≪역사비평≫, 1991 가을(계간 제14호), 역사비평사, 1991.

3) 이정식, 『구한말의 개혁·독립투사 서재필』, 서울대학교 출판부, 2003, 12쪽.

4) 강재언, 정창열 역, 『한국의 개화사상』, 비봉출판사, 1981, 171쪽.

5) 김도태, 앞의 책, 84~85쪽.

6) 김승태, 『서재필』, 독립기념관, 2011, 20쪽.

7) 서재필, 「회고 갑신정변」, ≪동아일보≫, 1935년 1월 2일 자(1935a).

8) 신용하, 『한국근대사회사연구』, 일지사, 1987, 20쪽.

9) 이광린, 『개화파와 개화사상 연구』, 일조각, 1992, 34쪽.

10) 서재필, 앞의 글, 1935a.

11) 『일본역사대사전(9)』, 도쿄 하출서방신사(河出書房新社), 1970.

12) 서재필, 앞의 글, 1935a.

13) 위와 같음.

3. 갑신정변의 격류 속에서

1) 김도태, 앞의 책, 108~109쪽.

2) 신용하, 「갑신정변」,『 한국민족문화대백과사전⑴』, 한국정신문화연구원, 1992, 353쪽.

3) 박영효, 「갑신정변」, ≪신민≫(순종실기), 제14호, 신민사, 1926, 43쪽.

4) 문일평,『사외이문비사(史外異聞秘史)』(호암전집 3), 조광사, 1946, 78쪽.

5) 신복룡, 앞의 글, 33쪽.

6) 서재필, 앞의 글, 1935a.

7) 김옥균, 「1884년 12월 4일」,『갑신일록』, 1885.

8) 신복룡, 앞의 글, 36~37쪽.

9) 위의 글, 40~41쪽.

10) 김도태, 앞의 책, 162~163쪽.

11) 송건호,『이승만과 서재필』(송건호 전집 13권), 한길사, 2002, 98~99쪽.

12) 서재필, 앞의 글, 1935a.

13) 신용하, 앞의 글, 1992, 355쪽.

4. 1차 망명 시기

1) 송건호, 앞의 책, 101쪽.

2) 서재필, 앞의 글, 1935a.

3) 서재필, 「체미 50년」, ≪동아일보≫, 1935년 1월 3일 자(1935b).

4) 이정식,『서재필: 미국 망명 시절』, 정음사, 1984, 27쪽.

5) 이우진, 「서재필의 재미활동」, 이택휘 외,『서재필』, 민음사, 1993, 262~263쪽.

6) 서재필, 앞의 글, 1935b.

7) 이우진, 앞의 글, 263쪽.

8) 이정식, 앞의 책, 1984, 33~34쪽.

9) 이정식, 앞의 책, 2003, 116쪽.

10) 위의 책, 123쪽.

11) 위의 책, 131쪽.

12) 일본외무성, 『일본외교문서』, 제27권 제1책, 문서번호 366, 일본국제연합협회, 555~556쪽.

13) 서재필, 앞의 글, 1935b.

5. 다시 개혁에 앞장서다

1) 서재필, 앞의 글, 1935b.

2) 위와 같음.

3) 김승태, 앞의 책, 75~76쪽, 재인용.

4) ≪한성신보≫, 1896년 1월 20일 자.

5) 윤치호, 「1896년 1월 31일」, 『윤치호 일기』.

6) 채백, 『독립신문 연구』, 한나래, 2006, 69쪽.

7) 정진석, 『한국언론사』, 나남, 2001, 160쪽.

8) 채백, 앞의 책, 70쪽.

9) 이정식, 앞의 책, 2003, 184쪽.

10) 이해창, 『한국신문사 연구(개정증보판)』, 성문각, 1983, 31쪽.

11) 김도태, 앞의 책, 245~246쪽.

12) 김승태, 앞의 책, 76~78쪽.

13) ≪독립신문≫, 1896년 8월 4일 자, '논설'.

14) 위와 같음.

15) 이정식, 앞의 책, 2003, 204쪽.

16) 서울대 정치학과 독립신문 강독회, 『독립신문 다시 읽기』, 푸른역사, 2004, 17~18쪽.

17) ≪독립신문≫, 2권 92호.

18) ≪독립신문≫, 1896년 4월 14일 자, '논설'.

19) 송건호, 앞의 책, 157~158쪽, 재인용.

20) ≪독립신문≫, 1896년 6월 30일 자.

21) ≪독립신문≫, 1896년 4월 11일 자.

22) ≪독립신문≫, 1896년 12월 8일 자.

23) ≪독립신문≫, 1896년 4월 11일 자.

24) ≪독립신문≫, 1896년 4월 30일 자.

25) ≪독립신문≫, 1896년 7월 30일 자.

26) ≪독립신문≫, 1896년 8월 18일 자.

27) 려증동, 『부왜역적 기관지 독립신문 연구』, 경성대학교 출판부, 1991, 151쪽.

28) 신용하, 『독립협회연구』, 일조각, 1976, 77~78쪽.

29) 송건호, 앞의 책, 158쪽.

30) 최준, 『한국신문사논고』, 일조각, 1976, 50~51쪽.

31) 이택휘, 「개화운동가로서 서재필의 위상」, 이택휘 외, 앞의 책, 28쪽.

6. 독립협회와 만민공동회 창설하다

1) 이정식, 앞의 책, 2003, 221쪽.

2) 신용하, 앞의 책, 1976, 84쪽.

3) 위의 책, 104~105쪽.

4) ≪독립신문≫, 1897년 11월 20일 자.

5) 『한국민족문화대백과사전(7)』, 한국정신문화연구원, 1991, 62쪽.

6) ≪독립신문≫, 1897년 11월 20일 자.

7) ≪독립신문≫, 1896년 7월 16일 자.

8) 신용하, 앞의 책, 1976, 378~379쪽.

9) 「주한일본공사관기록」, 1898년 11월 8일 자, '독립협회 대신배척 관련 상보'.

10) 이황직,『독립협회, 토론공화국을 꿈꾸다』, 프로네시스, 2007, 105쪽.

11) 신용하,「만민공동회」,『한국민족문화대백과사전(7)』, 한국정신문화연구원, 1991, 620~621쪽.

7. 미국으로 추방

1) 김승태, 앞의 책, 95쪽.

2) 위의 책, 94~95쪽, 재인용.

3) 서재필, 앞의 글, 1935b.

4) 윤치호,「1897년 10월 12일」,『윤치호 일기』.

5) 김도태, 앞의 책, 219쪽.

6)「주한일본공사관기록」, 1896년 5월 30일 자.

7) 정교,『대한계년사(3권)』, 소명출판사, 2004, 190쪽.

8) 신용하, 앞의 책, 1976, 57~58쪽, 재인용.

9) ≪독립신문≫, 1898년 5월 5일 자,「만민공동회편지」.

10) ≪독립신문≫, 1898년, 5월 5일 자.

11) ≪독립신문≫, 1898년 5월 19일 자.

12) ≪독립신문≫, 1898년 5월 17일 자.

8. 기미년 3·1 혁명

1) 독립운동사 편찬위원회 편,『독립운동사 자료집(4)』, 1972, 85~86쪽.

2) ≪신한민보≫, 1919년 4월 29일 자.

3) ≪신한민보≫, 1921년 6월 9일 자.

4) 임창영, 유기홍 옮김,『서재필 박사 전기: 위대한 선각자』, 공병우글자판연구소, 1987; 김승태, 앞의 책, 79쪽, 재인용.

5) ≪신한민보≫, 1919년 5월 16일 자,「서재필의 편지」.

6) 이정식, 앞의 책, 2003, 296쪽.

9. 워싱턴 회의에 진력하다

1) 이정식, 앞의 책, 2003, 332~333쪽.

2) ≪신한민보≫, 1921년 7월 25일 자.

3) ≪신한민보≫, 1921년 10월 27일 자.

4) 이정식, 앞의 책, 2003, 333~334쪽, 재인용.

5) 노재연, 『재미한인사략(在美韓人史略)(상권)』, 1951, 107~108쪽; 이정식, 앞의 책, 2003, 338~339쪽, 재인용.

6) 서재필, 앞의 글, 1935b.

7) 위와 같음.

8) 이정식, 앞의 책, 2003, 340쪽.

10. 항일전선에서 생업전선으로

1) ≪신민≫, 1925년 10월호.

2) 이정식, 앞의 책, 1984, 154쪽.

3) ≪신민≫, 1926년 7월호, 「6월호 '순종실기'를 읽고」.

4) 현봉학, 「의사로서의 서재필」, 서재필기념회 엮음, 앞의 책, 109쪽.

5) 위와 같음.

6) ≪신한민보≫, 1935년 1월 31일 자.

7) ≪신한민보≫, 1935년 2월 21일 자.

8) 김승태, 앞의 책, 150~151쪽, 재인용.

9) ≪신한민보≫, 1925년 7월 23일 자.

10) 김승태, 앞의 책, 155쪽, 재인용.

11. 국내외 지도자들에게 편지를 보내다

1) ≪신한민보≫, 1919년 2월 20일 자.

2) ≪독립신문≫, 1920년 3월 1일 자(11장의 ≪독립신문≫은 임시정부 기관지를 말함).

3) ≪독립신문≫, 1920년 3월 18일 자.

4) ≪독립신문≫, 1920년 3월 18일 자.

5) ≪독립신문≫, 1920년 11월 25일 자.

6) ≪신한민보≫, 1925년 5월 7일 자.

7) ≪독립신문≫, 1926년 11월 30일 자.

12. 미 · 일 전쟁 시기

1) 서재필, 앞의 글, 1935b.

2) 서재필, 「조선의 장래」, 김동환 편, 『평화와 자유』, 삼천리출판, 1935.

3) 김승태, 앞의 책, 170쪽, 재인용.

4) 위의 책, 174쪽.

13. 반세기 만의 환국

1) 이 전보의 원문은 미국 정부 문고에 보관되어 있다. 이정식, 앞의 책, 2003, 358쪽, 재인용.

2) 정병준, 『우남 이승만 연구』, 역사비평사, 2005, 651쪽.

3) ≪서울신문≫, 1947년 7월 2일 자.

4) ≪동아일보≫, 1947년 7월 2일 자.

5) 로버트 T. 올리버, 박일영 역, 『대한민국 건국의 비화』, 계명사, 1990, 127쪽.

6) ≪새한민보≫, 1947년 8월 12일 자.

7) 송건호, 앞의 책, 274쪽.

8) ≪경향신문≫, 1948년 4월 13일 자.

9) 최기영 엮음, 『서재필이 꿈꾼 나라』, 푸른역사, 2010, 399~402쪽(발췌).

10) 이정식, 앞의 책, 2003, 359쪽.

11) ≪신민일보≫, 1948년 3월 14일 자.

12) 이정식, 앞의 책, 2003, 366쪽.

13) ≪한성일보≫, 1948년 6월 19일 자.

14) ≪동아일보≫, 1948년 7월 6일 자.

15) 송건호, 앞의 책, 287쪽.

16) ≪자유신문≫, 1948년 8월 27일 자.

17) ≪서울신문≫, 1948년 9월 12일 자.

14. 미국 귀환과 서거

1) ≪서울신문≫, 1948년 11월 11일 자.

2) ≪제1회 국회속기록≫ 제120호, 1948년 12월 3일 자.

3) ≪민주일보≫, 1949년 3월 2일 자.

4) 김승태, 앞의 책, 216쪽.

5) 위와 같음, 재인용.

6) 위의 책, 217쪽.

7) ≪미디어 뉴스(The Media News)≫, 1951년 1월 8일 자.

8) 이정식, 앞의 책, 2003, 183쪽.

9) 송건호, 앞의 책, 316쪽.

10) H. B. 헐버트, 신복룡 역주, 『대한제국멸망사』, 집문당, 1999, 158쪽.

지은이 **김삼웅**

독립운동사 및 친일반민족사 연구가로, 현재 신흥무관학교 기념사업회 공동대표를 맡고
있다. 《대한매일신보》(지금의 《서울신문》) 주필을 거쳐 성균관대학교에서 정치문화론
을 가르쳤으며, 4년여 동안 독립기념관장을 지냈다. 민주화운동관련자 명예회복 및 보상
심의위원회 위원, 제주 4·3사건 희생자 진상규명 및 명예회복위원회 위원, 백범학술원 운
영위원 등을 역임하고 친일반민족행위진상규명위원회 위원, 친일파재산환수위원회 자
문위원, 국립대한민국임시정부기념관건립위원회 위원, 3·1운동·임시정부수립100주년기
념사업회 위원 등을 맡아 바른 역사 찾기에 부단히 노력하고 있다.
역사·언론 바로잡기와 민주화·통일운동에 큰 관심을 두고, 독립운동가와 민주화운동에
헌신한 인물의 평전 등 이 분야의 많은 저서를 집필했다. 주요 저서로 『한국필화사』, 『백
범 김구 평전』, 『을사늑약 1905 그 끝나지 않은 백년』, 『단재 신채호 평전』, 『만해 한용운
평전』, 『안중근 평전』, 『김대중 평전』, 『안창호 평전』, 『빨치산 대장 홍범도 평전』, 『김근
태 평전』, 『10대와 통하는 독립운동가 이야기』, 『몽양 여운형 평전』, 『우사 김규식 평전』,
『위당 정인보 평전』, 『보재 이상설 평전』, 『의암 손병희 평전』, 『조소앙 평전』, 『백암 박은
식 평전』, 『나는 박열이다』, 『신영복 평전』, 『현민 유진오 평전』, 『외솔 최현배 평전』, 『3·1
혁명과 임시정부』, 『장일순 평전』, 『의열단, 항일의 불꽃』, 『수운 최제우 평전』, 『꺼지지
않는 오월의 불꽃: 5·18 광주혈사』, 『운암 김성숙』, 『이승만 평전』, 『김재규 장군 평전』,
『우당 이회영 평전』, 『다산 정약용 평전』, 『겨레의 노래 아리랑』 등이 있다.

개화기의 선각자 서재필

1판 1쇄 인쇄 2023년 12월 15일
1판 1쇄 발행 2023년 12월 20일

지은이 김삼웅 **펴낸이** 조추자 **펴낸곳** 도서출판 두레
등 록 1978년 8월 17일 제1-101호
주 소 (04075)서울시 마포구 독막로 100 세방글로벌시티 603호
전 화 02)702-2119(영업), 02)703-8781(편집) **팩스** 02)715-9420
이메일 dourei@chol.com **블로그** blog.naver.com/dourei
트위터 https://twitter.com/dourei_books **인스타그램** instagram.com/dourei_pub

글© 김삼웅, 2023

ISBN 978-89-7443-160-0 03990